DEREK PRINCE

TANRI'NIN HUZURUNA

GİRMEK

GERÇEK TAPINMA İÇİN YÜCELTMENİN VE
ŞÜKRETMENİN ÖTESİNE GEÇMEK

GDK

GDK YAYIN NO: 207
KİTAP: Tanrı'nın Huzuruna Girmek
ORİJİNAL ADI: Entering the Presence of God
YAZAR: Derek Prince
ÇEVİRMEN: Garo Saraf
KAPAK: Keğanuş Özbağ

ISBN: 978-1-78263-468-3
T.C. Kültür ve Turizm Bakanlığı Sertifika No: 16231

© **Gerçeğe Doğru Kitapları**
Davutpaşa Cad. Emintaş
Kazım Dinçol San. Sit. No: 81/87
Topkapı, İstanbul - Türkiye
Tel: (0212) 567 89 92
Fax: (0212) 567 89 93
E-mail: gdksiparis@yahoo.com
www.gercegedogru.net

Kutsal Kitap alıntıları, aksi belirtilmedikçe
Türkçe *Bible Server.Com*'dan yapılmıştır.

Baskı: Anadolu Ofset – Tel: (0212) 567 89 93
Davutpaşa Cad. Emintaş Kazım Dinçol San. Sit.
No: 81/87 Topkapı, İstanbul
1. Baskı: Kasım 2013

İÇİNDEKİLER

GİRİŞ

1970'lerin ikinci yarısından başlayarak 90'larda devam eden dikkat çekici bir şey, kilise tarihinin yönünü şekillendirdi.

Mesih'in bedeninde dünya çapında bir yüceltme ve tapınma devrimi Maranata, Integrity Hovsanna gibi isimlerle yayıldı! Müzik ve Hillsong ev halkının bir parçası oldu. Milyonlarca imanlı, burunlarını tozlu ilahi kitaplarından kaldırıp yüzlerini, ellerini ve seslerini göğe doğru yükseltti. Yeni nesil mezmurcular "göğe yönelen" ilahilerden oluşan yeni bir şarkı kitabı oluşturdular. Bu ruhsal baharın çiçeği yalnızca toplu tapınmalarda görünmüyordu. İnsanlar özel ve kişisel yüceltmenin gücünü keşfettikçe, sakince tapınmanın heyecan verici deneyimini defalarca yaşadılar.

Bu devrimin bir habercisi vardı. Bu olağanüstü olayın arkasında olan ve onu harekete geçiren şey, 60'lar ve 70'lerde Kutsal Ruh'un işleriyle ve şahıs olarak tüm doluluğuyla kilisedeki yerine tekrar yerleştiren Karizmatik Yenilenme diye tanınan dünya çapında bir hareketti. Ruh'un eksen olarak kabul edildiği her yerde, O insanları eline aldı, şifaya yönlendirdi ve Baba'nın varlığını tazeledi.

Derek Prince bu tarihi karizmatik hareketin ortasındaydı.

Derek Prince'i daha önce tanımadıysanız, onun dünya çapında tanınmış yirminci yüz yılın en büyük Hristiyan beyinlerinden biri olduğunu bilmelisiniz. O, hayatının ikinci yarısının büyük bir bölümünü Amerika ve İsrail'de yaşamış bir İngiliz vatandaşıydı. Çağdaşı C. S. Lewis'le beraber İngiltere'nin saygın okulu Cambridge Üniversitesi'nde eğitim gördü. (Cambridge'de Eski ve Modern Felsefe Derneği kuran kaç tane Kutsal Kitap öğretmeni tanıyorsunuz?)

Derek Prince, 2003'ün sonbaharında yaklaşık yirmi yıl yaşadığı sevgili Kudüs'ünde hayata gözlerini kapadı. Seksen sekiz yaşındaydı.

Okudukça birazdan sizin de keşfedeceğiniz gibi, bu muhteşem entelektüel kimlik Derek'in öğretisinin kuru, anlaşılması zor ve kendini beğenmiş olduğu anlamına gelmiyor. Bir filozofun beynine sahipti, ama Tanrı ona özgür bir şairin ruhunu verdi. Derek Prince'in ilham veren, canlandıran, sade, aydınlatan ve mutlaka uygulanabilen (özellikle de tapınma ve Tanrı'yla arkadaşlık konusunda) bir öğretisi olduğunu göreceksiniz.

1980'lerde coşkuyla dinlenen radyo programlarından birinde şöyle demişti:

Dünyanın birçok farklı ülkesine gidip oralarda hizmet etme ayrıcalığına eriştim. Birçok yerde Tanrı'nın Ruhu'nun harekete geçtiğine ve Ruh'un döküldüğü yerlerde ruhsal armağanların işlediğine tanıklık ettim. Ancak, Tanrı'ya gerçek, saf, meshedilmiş bir yüceltme ve tapınmanın sunulduğuna pek az yerde rastladım. Tanrı'ya ruhsal tapınmayla yaklaştığınızda, O'nunla arkadaşlığa girersiniz. Tapınma ve arkadaşlık yoluyla vahiy alırsınız. Gerçi ben bunu Tanrı'dan bir şey almanın bir yolu olarak öğretmiyorum ama Tanrı'ya uygun bir yüceltme ve tapınmayla yaklaştığımızda, O'nun bizim için yapabileceklerinin sınırı gerçekten yoktur.

Derek Prince, Tanrı'nın kutsal huzuruna uygun ve etkili bir şekilde girebilmenize yardımcı olacak gerçekleri ve görüş açılarını size vermek için eşsiz bir şekilde donatılmıştır. Bu gerçekler, tapınmanın daha derin boyutlarını araştırmanıza, "En Kutsal Yer" deki samimiyeti, gücü, kudreti ve vahiyi bulmanıza yardımcı olacaklardır.

O yerin gerçekten ne kadar harika bir yer olduğunu keşfetmeye hazırlanın.

Derek Prince Ministries

BÖLÜM 1

TANRI'NIN HUZURUNDA BİR DURUŞ TARZI

Kutsal Kitap'ın ana temalarından biri olan tapınma, imanlının hayatında çok büyük bir öneme sahiptir. Ancak Hristiyanların büyük bir çoğunluğu tapınmanın doğası hakkında net bir algıya sahip değildir. Kiliseye devamlı gidenlerin tapınmadan bahsederken kastettikleri şey, Pazar ayinindeki tapınmalarıdır. İlahilerden, korolardan, cemaatin o güne uygun olan müzikle oturup kalkarak eşlik etmelerinden konuşurlar. Ama maalesef, bu kiliselerin çoğunda pek az tapınma gerçekleşir. Sıradan imanlılar için konunun çerçevesi eğer buysa, tapınmaya henüz başlamamışlar demektir.

Bu kitapta tapınmayı incelerken, eylemlerin ve tavırların ötesine geçerek onun gerçekten vuku bulduğu yere bakacağız: *Yüreğe*. Övgü,

şükretme ve tapınma gibi kavramları tanımlaya-
cağız. Tapınmamızı engelleyebilecek şeyleri ad-
landıracağız. Ve bizi Tanrı'nın sesini duyabile-
ceğimiz ve O'nun kollarında huzur bulacağımız
o en kutsal yere (Tanrı'nın huzuruna) adım adım
götüren gelişmeyi açıklayacağız.

Sunularımız

Tanrı, huzuruna her gittiğimizde O'na arma-
ğanlar veya kurbanlar götürmemizi bekler. Kap-
samı çok daha geniş olmakla birlikte para ve
maddi varlıklarımız bu armağanların içinde yer
alırlar. Ama daha yüksek bir seviyede, Kutsal
Kitap Tanrı'nın takipçilerinden getirmelerini
istediği çeşitli ruhsal armağanlar ve kurban-
lardan söz eder. Bu ruhsal armağanlar, şükretme,
övgü ve tapınmadır.

Bu kavramlar genellikle birbirlerinin yerine
kullanılırlar. Ben bunları, birbirinden ayrı ama iç
içe geçmiş ve sınır çizgileri olmayan gökkuşağı-
nın renklerine benzetirim. Bunun gibi, şükretme,
övgü ve tapınma da kendi başlarına belirgin ama
doğal bir şekilde iç içe geçmişlerdir. Bence şöyle
ayırt edilebilirler:

Şükretme Tanrı'nın iyiliğiyle ilgilidir

Övgü Tanrı'nın görkemiyle ilgilidir
Tapınma Tanrı'nın kutsallığıyla ilgilidir.

Kutsallık kendi içinde bir sınıflamadır. İnsan zihninin Tanrı'nın doğasında en zor kavrayabileceği nitelik kutsallıktır. Çünkü insanın bunu anlayabilmesi için yeryüzünde paralellik kuracağı bir şey yoktur. Tanrı'nın bilgeliği hakkında konuşabiliriz, çünkü bilge insanlar tanımışızdır. Tanrı'nın görkemi hakkında konuşabiliriz, çünkü görkemli insanlar görmüşüzdür. Tanrı'nın gücü hakkında konuşabiliriz, çünkü bu büyük gücün sergilendiğine tanıklık etmişizdir. Ama Tanrı'-dan başka, yeryüzünde kutsallıkla ilgili bir örnek yoktur. Kutsallık sadece Tanrı'ya ve bunu O'ndan alanlara özgü bir şeydir. Tanrı'nın kutsallığını anlamak zor olduğundan, tapınmayı tamamıyla anlamak ve onun içine girmek zor olabilir.

Bu nedenle, Tanrı'nın imanlıdan talep ettiği bu üç sunu veya kurban içinde uygun şekilde verilmesi en zor olanı tapınmadır. Şükretme ve övgü öncellikle ağızdan çıkan sözlerdir, ama tapınma öncelikle bir duruş tarzıdır. Bu yüzden, eğer bu üç kavramı Tanrı'ya sunularımızın birer parçası haline getirmek istiyorsak, bu kavramlar hakkındaki anlayışımızı geliştirmeliyiz.

Övgü

Övgü baştan sona tüm Kutsal Kitap'a nakşedilmiş altın bir oya gibidir. Övmenin doğası sonsuzluktur; başlangıç yeri göklerdir. Övgü, göklerde ikamet eden tüm yüce ve ölümsüz yaratıkların, Tanrı'nın bizzat kendisiyle yakın ve kesintisiz bir ilişkide oldukları o yerde gerçekleştirdikleri hiç bitmeyen bir faaliyettir. Kesintisiz birliktelik kesintisiz övmeyi gerektirir.

Övgü başlangıcı itibarıyla yeryüzüyle de bağlantılıdır. Eyüp 38'de Tanrı Eyüp'e şu soruyla meydan okudu:

"Ben dünyanın temelini atarken sen neredeydin? ...Sabah yıldızları birlikte şarkı söylerken, İlahi varlıklar sevinçle çığrışırken?" (Eyüp 38:4,7).

Dünyanın başlangıcıyla ilgili ne harika bir betimleme! Övgü, kendi ekseni etrafında dönmeye başladığı andan itibaren dünyaya gönderildi. Bu gezegende yaşayan insanlar, bu durumun yer ve gök ortadan kalkana kadar devam edeceğini bilmekle yükümlüdürler.

Övgü, Tahtındaki Kral olarak Tanrı'yla iletişime geçmenin en uygun yoludur.

"Oysa sen kutsalsın, İsrail'in övgüleri üzerine taht kuran sensin" (Mezmur 22:3).

Övgü şükretmeyle birleştiğinde, Tanrı'nın yanına girmemizi sağlar. Mezmur yazarı 100. Mezmur'da bunu söylüyordu:

"Kapılarına şükranla, avlularına övgüyle girin! Şükredin O'na, adına övgüler sunun!" (Mezmur 100:4).

Burada girişin iki aşamalı olduğunu görüyoruz. Önce Tanrı'nın kapılarından ve sonra O'nun avlularından. Mezmur yazarının belirttiği gibi, şükretmek bizi kapılardan geçirir ama övgü avlulara götürür. Bu durum Tanrı'nın halkına seslenen Yeşaya peygamberin kitabında da çok güzel resmediliyor:

"Ülkenden şiddet, sınır boylarından soygun ve yıkım haberleri duyulmayacak artık. Surlarına Kurtuluş, kapılarına Övgü adını vereceksin" (Yeşaya 60:18).

Tanrı'nın olduğu yerde huzur ve sükûnet vardır. Orada şiddet ve yıkım olmadığı gibi, bu gibi şeylerin haberi bile duyulmaz. Ama giriş yoluna dikkat edin: Tüm kapılar övgüdür. Başka bir deyişle, Tanrı'nın bulunduğu ve etkin olduğu yere girmenin tek yolu övgüdür. Övgü olmadan avlulara giremeyiz.

Şükretme

*"Böylece sarsılmaz bir egemenliğe kavuştu-ğumuz için **minnettar** olalım. Öyle ki, Tanrı'yı hoşnut edecek biçimde saygı ve korkuyla tapı-nalım"* (İbraniler 12:28).

Kutsal Kitap'ın farklı çevirilerinde *minnet-tar* kelimesinin yerine *müteşekkir* kelimesi de kullanılır. Aslında her ikisi de doğrudur. Grekçe-de "minnettar olmak" kök olarak *charis*'ten gelir ve bu "teşekkür ederim" ile aynı köktür. Min-nettar olmakla müteşekkir olmak birbirleriyle doğrudan bağlantılıdır. Teşekkür etmeyen bir kişi Tanrı'ya minnettar olamaz. Şükranla dolu olmadan Tanrı'ya minnettar olamazsınız.

Latin kökenli dillerin hepsinde minnettar-lıkla şükür arasındaki bağ ısrarla korunmuştur. Fransızcada *grace a Dieu* "Tanrı'ya şükür" demektir. İtalyancada "teşekkür ederim" kelimesinin karşılığı *grazie*'dir. İspanyolcası *gracias*'tır. Müteşekkir olmayı Tanrı'ya minnettarlıktan ayıramazsınız. Yemek öncesi "şükür" dediğimizde gerçekten "minnettarız" demiş oluruz.

95. Mezmur'da tapınmaya doğru ilerlemenin harika bir tasvirini görebiliriz. Yüksek sesli (bazı kiliselerin izin vermeyeceği kadar yüksek) ve çok sevinçli bir övgüyle başlar:

"Gelin, RAB'be sevinçle haykıralım, bizi kurtaran kayaya sevinç çığlıkları atalım" (Mezmur 95:1).

Yüksek sesle ilahi söylemek bağırıp çağırmak anlamına gelmez. İlahileri severim ama sanırım Tanrı'nın kabul etmekte en çok zorlandığı şey, yarım yürekle yapılan övgülerdir. Kutsal Kitap şöyle der: *"RAB büyüktür, yalnız O övgüye yaraşıktır, Akıl ermez büyüklüğüne"* (Mezmur 145:3). Aslına bakarsanız, O'nu yarım yamalak övmektense hiç övmemek daha iyidir.

"Şükranla huzuruna çıkalım, O'na sevinç ilahileri yükseltelim!" (Mezmur 95:2).

Girişin iki basamağına tekrar dikkatinizi çekmek isterim: Şükran ve övgü. Tanrı'nın huzuruna giden başka bir yol yoktur. Takip eden üç ayet, Tanrı'yı övüp O'na şükretmemizin nedenini gösterir. Kutsal Kitap çok mantıklıdır. Bizden yalnızca Tanrı'ya şükretmemizi ve övmemizi istemekle kalmaz, bunun nedenini de açıklar.

"Çünkü RAB ulu Tanrı'dır, bütün ilahların üstünde ulu Kral'dır" (Mezmur 95:3).

Tanrı'nın görkemini övgüyle anlayabileceğimizi daha önce söylemiştim. Bu ayette de O'nun görkemine *ulu* ifadesiyle iki kez vurgu yapılıyor. Rab *"ulu Tanrı'dır, bütün ilahların üzerinde ulu Kral'dır."* O'nun görkemini (ululuğunu) yüksek sesli, çok sevinçli ve coşkulu bir övgüyle kavrıyoruz. O'nu bu şekilde her şeye kadir Yaratıcı olarak algılıyoruz.

"Yerin derinlikleri O'nun elindedir, Dağların dorukları da O'nun. Deniz O'nundur, çünkü O yarattı, karaya da O'nun elleri biçim verdi" (Mezmur 95:4-5).

Böylece O'nun yaratışının mucizeleri için O'nu överek ve şükrederek O'na yaklaşıyoruz. 6. ayette tapınmaya geliyoruz. Tapınmaya yaklaşmak için tek yolumuz gerçekten de övgü ve şükrandır. Dikkat ederseniz, tapınmaya gelir gelmez artık bir duruş tarzı söz konusu oluyor.

"Gelin, tapınalım, eğilelim, bizi yaratan RAB'bin önünde diz çökelim" (Mezmur 95:6).

Burada sözlü ifadeden bir duruş tarzına geçtik. Övgü ve şükranla başladık, ama bu bir son veya bir amaç değildi. Hristiyanlar övgü ve şükrandan sonra dururlarsa, asıl amacı kaçırırlar. Bu amaç gerçek tapınmadır ve hitaptan çok bir duruş tarzıdır.

Tapınma

Tanrı'nın kutsallığıyla karşılaştığınızda, farkına vardığınızda veya bir vahiy aldığınızda, buna karşılık verebileceğiniz en uygun yol tapınmadır. Kutsallıkla ilgili herhangi bir farkındalığımız olmadan gerçekten tapınamayız. İlahi hizmetimiz olabilir ama Tanrı'nın kutsallığıyla ilgili, yetersiz de olsa bir vahiy almadan tapınmaya başlayamayız. Tanrı'nın kutsallığı anlatılamaz, tanımlanamaz ve ancak vahiy yoluyla kendini belli eder.

Bu konu çok önemlidir çünkü sanırım birçok Hristiyan için kutsallık fikri, nereye gideceğiniz, ne yapabileceğiniz, ne şekilde konuşaca-ğınız ve giyineceğinizle ilgili bir kurallar dizisin-den ibarettir. Oysa bunların kutsallıkla hiçbir ilgisi yoktur. Pavlus, Koloseliler'e yazdığı mek-tupta bu konuda çok katıdır:

"Mesih'le birlikte ölüp dünyanın temel ilke-lerinden kurtulduğunuza göre, niçin dünyada yaşayanlar gibi, 'Şunu elleme', 'Bunu tatma', 'Şuna dokunma' gibi kurallara uyuyorsunuz? Bu kuralların hepsi, kullanıldıkça yok olacak nesne-lerle ilgilidir; insanların buyruklarına, öğretile-rine dayanır. Kuşkusuz bu kuralların gönüllü tapınma, sözde alçakgönüllülük, bedene eziyet açısından bilgece bir görünüşü vardır; ama ben-liğin tutkularını denetlemekte hiçbir yararları yoktur" (Koloseliler 2:20-23).

Bu çok derin bir gerçektir. Yapmamanız gereken şeylere ne kadar çok odaklanırsanız, o şeyler üzerinizde o kadar güç kazanır. Bazen kendinizi şöyle telkin edersiniz: *Sinirlenme; ne yaparsan yap sinirlenme.* Hemen sonrasında ne olur? Sinirlenirsiniz, çünkü yanlış şeye odaklanı-yorsunuz. Şüphesiz, birçokları da kutsallıkla ilgi-li bir şey istememeyi seçmişlerdir.

İbraniler 12, Tanrı'nın bir Baba olarak çocukları üzerindeki disiplininden söz eder:

"Babalarımız bizi kısa bir süre için, uygun gördükleri gibi terbiye ettiler. Ama Tanrı, kutsallığına ortak olalım diye bizi kendi yararımıza terbiye ediyor" (İbraniler 12:10).

Kutsallık yapılması ve yapılmaması gerekenler listesi değildir. Tanrı'nın kutsal olmasının nedeni, kendi hareketlerini kontrol etmek için bir dizi kuralı olması değildir. Kuralların, Kutsal Kitap'ın veya Tanrı'nın kutsallığıyla ilgisi yoktur.

Tanrı'nın Nitelikleri

Kutsallık Tanrı'nın kimliğinin özüdür. Tanrı'yla ilgili her şey kutsaldır. Bu nedenle, kutsallığı anlayabilmek için Tanrı'nın kim olduğunu ve neye benzediğini anlamalıyız. Dolayısıyla şimdi izninizle Kutsal Kitap'ın ışığında Tanrı'nın bazı niteliklerine değinmek istiyorum.

Tanrı Işıktır

"Mesih'ten işittiğimiz ve şimdi size ilettiğimiz bildiri şudur: Tanrı ışıktır, O'nda hiç karanlık yoktur" (1. Yuhanna 1:5).

Tanrı ışıktır. Işığı yaratmakla ve göndermekle kalmaz, aynı zamanda kendisi de ışıktır.

Tanrı Sevgidir

"Sevmeyen kişi Tanrı'yı tanımaz. Çünkü Tanrı sevgidir... Tanrı'nın bize olan sevgisini tanıdık ve buna inandık. Tanrı sevgidir. Sevgide yaşayan Tanrı'da yaşar, Tanrı da onda yaşar" (1. Yuhanna 4:8,16).

Tanrı hem ışık hem de sevgidir. Işıkla sevgi arasında bir gerilim vardır. Işık sizi korkutabilir; sevgi ise kendine çeker. Sanırım Tanrı'yla ilişkimizde de aynı gerilim vardır. O'na yaklaşmak isteriz, ama her yeri kaplayan O ışığa girmekten rahatsız oluruz.

Tanrı Adalet ve Yargıdır

Bu kesinlikle O'nun doğasının bir parçasıdır. Yasanın Tekrarı'nda Musa bunu vurguladı:

"RAB'bin adını duyuracağım. Ululuğu için Tanrımız'ı övün! O Kaya'dır, işleri kusursuzdur, Bütün yolları doğrudur. O haksızlık etmeyen güvenilir Tanrı'dır. Doğru ve adildir" (Yasanın Tekrarı 32:3-4).

Birçok insan kendi özel durumlarından veya şartlarından dolayı Tanrı'yı adaletsiz olmakla suçlar. Ancak, Kutsal Kitap Tanrı'da adaletsizlik olmadığını söyler. O tamamen adildir; gerçeğin Tanrısıdır. Yaratılış kitabında Sodom için Rab'-be yalvaran İbrahim'i düşünün:

"Senden uzak olsun bu. Haklıyı, haksızı aynı kefeye koyarak haksızın yanında haklıyı da öldürmek senden uzak olsun. Bütün dünyayı yargılayan adil olmalı" (Yaratılış 18:25).

İşte Tanrı budur. Tüm dünyanın yargıcıdır ve her zaman doğru yargılar. O'nda adaletsizlik, haksızlık yoktur. Tanrı'nın adil olmadığına inanmak için sıkça deneriz, ama Kutsal Kitap bunun gerçek olmadığını kesin bir dille ilan eder.

Tanrı Kızgınlık ve Öfkedir

Çağdaş Hristiyanlık buna pek yer ayırmaz ama bu konu çok önemlidir. Tanrımız kızgın ve öfkeli bir Tanrı'dır. Nahum bunu dikkat çekici bir şekilde belirtir:

"RAB kıskanç, öç alıcı bir Tanrı'dır. Öç alır ve gazapla doludur. Hasımlarından öç alır,

Düşmanlarına karşı öfkesi süreklidir" (Nahum 1:2).

Rab kızgındır. O öfkelidir ve öcünü Kendi alır. Bu, Tanrı'nın ilahi ve sonsuz doğasının bir parçasıdır. Eğer bunu dışarıda bırakacak olursak Tanrı'nın gerçek bir resmini yansıtmamış oluruz. Vahiy kitabı, Tanrı'nın Mesih karşıtı için öngördüğü yargı hakkında bize bir bakış açısı verir:

"Onları üçüncü bir melek izledi. Yüksek sesle şöyle diyordu: 'Bir kimse canavara ve heykeline taparsa, alnına ya da eline canavarın işaretini koydurursa, Tanrı gazabının kâsesinde saf olarak hazırlanmış Tanrı öfkesinin şarabından içecektir. Böylelerine kutsal meleklerin ve Kuzu'nun önünde ateş ve kükürtle işkence edilecek. Çektikleri işkencenin dumanı sonsuzlara dek tütecek. Canavara ve heykeline tapıp onun adının işaretini alanlar gece gündüz rahat yüzü görmeyecekler'" (Vahiy 14:9-11).

"Kuzu'nun önünde ...... işkence edilecek." Buradaki tabloda çağımızın kibar, yumuşak başlı ve tatlı İsa'sından pek eser yok. Ama bu, O'nun ilahi ve sonsuz karakterinin bir parçasıdır. Tanrı yargıçtır. Bazıları Tanrı'nın hiç kimseyi sonsuza

kadar cezalandıramayacak kadar merhametli olduğunu düşünür. Bu düşünce Kutsal Kitap'a uygun değildir. Üstelik çok da tehlikelidir:

"Bu kitaptaki peygamberlik sözlerini duyan herkesi uyarıyorum! Her kim bu sözlere bir şey katarsa, Tanrı da bu kitapta yazılı belaları ona katacaktır. Her kim bu peygamberlik kitabının sözlerinden bir şey çıkarırsa, Tanrı da bu kitapta yazılı yaşam ağacından ve kutsal kentten ona düşen payı çıkaracaktır" (Vahiy 22:18-19).

Vahiy kitabında kesin olarak yazılmış olan bir şey varsa, o da sonsuz yargının var olduğudur. Günümüz toplumunda, nerdeyse suçluya kurbandan daha hoşgörülü bakar hale geldik. Neden? Çünkü yargılayıcı olmak istemiyoruz. Bunu neden istemiyoruz? Çünkü eğer başkaları için yargılama varsa bizim için de olduğunu yüreklerimiz biliyor.

Tanrı Merhamet ve Şefkattir

Kutsal Kitap'ta "şefkat" olarak tercüme edilen bu kelime "kararlı ve değişmeyen sevgi" anlamına gelir. Bu kelimenin gerçekten ne anlama geldiği konusunda yaptığım araştırmada şu sonuca vardım: "Tanrı'nın antlaşmasına bağlı kalan sadakati." Tanrı yaptığı antlaşmaya sadıktır (Tanrı'nın en harika niteliklerinden birisi).

Mezmur 51'de Davut derin bir bunalım zamanında ve ruhu belirsizlikler içindeyken dua ediyordu. Bu, Bat-Şeba'yla ve Uriya'yı öldürmekle ilgili günahı açığa çıktığında Davut'un ettiği tövbe duasıydı:

"Ey Tanrı, lütfet bana,
Sevgin uğruna;
Sil isyanlarımı,
Sınırsız merhametin uğruna" (Mez. 51:1).

"Sevgin (şefkatin) *uğruna"* ifadesi Tanrı'nın Kendi antlaşmasına olan sadakatini gösterir. Davut aslında şöyle diyordu: "Eğer antlaşmanın koşullarını yerine getirirsem, Sen bağışlama sözünü vermiştin. Sana bu temelde başvuruyorum." Tanrı'ya bu temelde yaklaşabilmek çok önemlidir! Bu yaklaşımı birçok Mezmur'da görebiliriz.

"Övgüler sunun, RAB'be!
RAB'be şükredin, çünkü O iyidir,
Sevgisi (şefkati ve antlaşmasına sadakati) *sonsuzdur"* (106:1).

Tanrı Lütuftur

"Onun için Tanrı'nın lütuf tahtına cesaretle yaklaşalım; öyle ki, yardım gereksindiğimizde merhamet görelim ve lütuf bulalım" (İbraniler 4:16).

Bu ayette kendi becerinizle kazanamayacağınız iki şey vardır: Merhamet ve lütuf. Önce merhamete ihtiyaç duyarız, sonra lütfa. Lütuf hak edilebilecek bir şey değildir. Dindar insanlar bu konuda gerçekten sorun yaşarlar, çünkü her şeyi hak etmeleri gerektiğini düşünürler. Bunun sonucunda, Tanrı'nın lütfunu geri çevirme eğiliminde olurlar. *"Onun için Tanrı'nın lütuf tahtına cesaretle yaklaşalım; öyle ki, yardım gereksindiğimizde merhamet görelim ve lütuf bulalım"* Geçmişimiz için merhamete, geleceğimiz için lütfa ihtiyacımız vardır. Sadece Tanrı'nın lütfu sayesinde O'nun bizden istediği türden insanlar olabiliriz ve O'nun bizden istediği şekilde hayatlarımızı yaşayabiliriz.

Tanrı Güçtür

Kutsal Kitap'ın tamamı Tanrı'nın gücüne tanıklık eder. Bu bağlamda Mezmurlar'dan bir örneğe göz atalım:

"RAB egemenlik sürüyor,
Görkeme bürünmüş,
Kudret giyinip kuşanmış.
Dünya sağlam kurulmuş, sarsılmaz.
Ya RAB, tahtın öteden beri kurulmuş,
Varlığın öncesizliğe uzanır.
Denizler gürlüyor, ya RAB,
Denizler gümbür gümbür gürlüyor,
Denizler dalgalarını çınlatıyor.
Yücelerdeki RAB engin suların gürleyişin-
den,
Denizlerin azgın dalgalarından
Daha güçlüdür" (Mezmur 93:1-4).

Kutsallık Tanrı'nın Tüm Varlığıdır

Tanrı'nın yedi niteliğini kısaca hatırlayalım:
(1) Işık; (2) Sevgi; (3) Adalet ve Yargı; (4) Kız-
gınlık ve Öfke; (5) Merhamet ve Şefkat; (6) Lü-
tuf; ve (7) Güç. Tanrı'nın kutsallığı bunların
tamamıdır. Tanrı'nın varlığının tamamı budur.
Kutsal kelimesi hem Eski hem de Yeni Antlaş-
ma'da Tanrı için aynı cümlede kullanılan tek
kelimedir. Yeşaya'da Seraflar şöyle haykırırlar:

"Her Şeye Egemen RAB
Kutsal, kutsal, kutsaldır.

Yüceliği bütün dünyayı dolduruyor" (Yeşaya 6:3).

Ve Vahiy'de yaratıklar ve ihtiyarlar yerlere kapanıp durmadan şöyle derler:

"Kutsal, kutsal, kutsaldır,
Her Şeye Gücü Yeten Rab Tanrı,
Var olmuş, var olan ve gelecek olan" (Vahiy 4:8).

Bu üçlü tekrarın özel bir önemi olduğuna inanıyorum. Kutsal olan Baba'dır; kutsal olan Oğul'dur; kutsal olan Ruh'tur. Başka kutsal olan yoktur. Tanrı kendi kutsallığında eşsizdir. Bu kutsallığı ancak Tanrı'yla ilişkimizin seviyesine göre anlayabilir veya onun bir parçası haline gelebiliriz.

Tapınma, Tanrı'nın kutsallığına verdiğimiz karşılıktır. Tekrar ediyorum, bir yerde kutsallık yoksa tapınma da yoktur. Harika bir ilahi hizmetiniz olabilir. Tanrı'yı övebilir ve şükredebilirsiniz. Buna karşın tapınmadan yoksun olabilirsiniz. Çünkü, Tanrı'nın kutsallığını ne ölçüde olursa olsun bilmeye başladığımızda, vereceğimiz en uygun karşılık her zaman tapınmadır.

"Kapılarına şükranla, avlularına övgüyle girin! Şükredin O'na, adına övgüler sunun!" (Mezmur 100:4).

Tanrı'ya teşekkür ederiz, çünkü yaptıkları için O'na minnettarız. O'nu övdüğümüzde, O'nun görkemini kabul ederiz ama bunun devamı da vardır. Birçoğumuz bu noktada durur. Tamam, avlularına girdik ama ne amaçla orada bulunuyoruz? Orada olmamızın nedeni tapınmaktır. Bir övgü ilahisinin ardından duruyorsak, iyi zaman geçirmiş olabiliriz, ama Tanrı'nın yüreğini ve amacını gerçekten bulamamış oluruz. O noktada daha fazlası için seslenen bir şey vardır. Rab'bin varlığını arzularız. Yaşayan Tanrı'yla doğrudan ilişkiye geçmenin ve O'na sunmamız gereken tek şey olan tapınmayı sunmanın özlemini çekeriz. Öyleyse yolculuğumuza devam edelim ve bizleri Kendi varlığına kabul etmesini O'nun lütfuyla O'ndan isteyelim. Çünkü O'nun varlığında olduğumuz zaman, gerçekten tapınmaya başlayacağız.

BÖLÜM 2

TANRI'YA VEREBİLECEĞİMİZ UYGUN KARŞILIK

Mezmurlar bize tapınmanın olağanüstü canlı ve muhteşem bir resmini verirler. Bir kez daha kendimizi 95. Mezmur'un zengin ve güçlü diline bırakalım:

> *"Gelin, RAB'be sevinçle haykıralım,*
> *Bizi kurtaran kayaya sevinç çığlıkları atalım.*
> *Şükranla huzuruna çıkalım,*
> *O'na sevinç ilahileri yükseltelim!*
> *Çünkü RAB ulu Tanrı'dır,*
> *Bütün ilahların üstünde ulu kraldır.*
> *Yerin derinlikleri O'nun elindedir,*
> *Dağların dorukları da O'nun.*
> *Deniz O'nundur, çünkü O yarattı,*
> *Karaya da O'nun elleri biçim verdi.*
> *Gelin, tapınalım, eğilelim,*
> *Bizi yaratan RAB'bin önünde diz çökelim.*
> *Çünkü O Tanrımız'dır,*

Bizse O'nun otlağının halkı,
Elinin altındaki koyunlarız" (Mez. 95:1-7).

Burada incelemek istediğim üç başarılı aşama var. Öncelikle birinci ve ikinci ayetlerde yüksek sesli coşkulu bir övgüye ve şükretmeye tanıklık ediyoruz: *"Gelin, RAB'be sevinçle haykıralım, bizi kurtaran kayaya sevinç çığlıkları atalım. Şükranla huzuruna çıkalım, O'na sevinç ilahileri yükseltelim!"* Bu yüksek sesli ve coşkulu bir övme ve şükretmedir. Bir giriş tarzıdır.

Daha sonra üçüncü ayetten beşinciye kadar, mezmur yazarı bize övmek ve şükretmenin nedenlerini verir. Daha önce de öğrendiğimiz gibi, Tanrı'ya yaptıkları için teşekkür ederiz. Olduğu kişi olarak O'nu överiz. İki neden de üçüncü ayetin içindedir: *"Çünkü Rab ulu Tanrı'dır."* Mezmurların başka bir yerinde şöyle der: *"RAB büyüktür, yalnız O övgüye yaraşıktır"* (Mezmur 145:3). Övgüsü O'nun büyüklüğüyle ilintili olmalıdır. 95. Mezmur Tanrı'nın ne yaptığını bize hatırlatır: *"Deniz O'nundur, çünkü O yarattı, karaya da O'nun elleri biçim verdi"* (Mezmur 95:5).

Tanrı'ya övgü ve şükranla bu şekilde yaklaşırsak, görüşümüz Tanrı'ya odaklanır. Tapınma için bu elzemdir, çünkü tapınmanın en büyük düşmanı ben-merkezciliktir. Kendimizle, kendi sorunlarımızla ve etrafımızda olan bitenlerle sarmalanmışsak, Tanrı'ya tapınma konumunda olamayız.

Önceki bölümde belirttiğim gibi tapınmanın davranışla ifade edildiği üçüncü evre, altıncı ve yedinci ayetlerde bulunur.

"Gelin, tapınalım, eğilelim, bizi yaratan RAB'bin önünde diz çökelim" (Mezmur 95:6).

Bu ayetlerle ilgili iki şey ifade etmek isterim. Birincisi, tapınma bizi Tanrı'nın halkı olarak ayırır. Tapınmanın nedeni şöyle belirtilir: *"Çünkü O Tanrımız'dır, bizse O'nun otlağının halkı, elinin altındaki koyunlarız"* (Mezmur 95:7). Tanrı'ya tapınarak, gerçekleştirdiğimiz eylemle Tanrımız'ın kim olduğunu ilan ederiz. Tapındığımız kişi gerekli ve kaçınılmaz bir şekilde Tanrımız olmalıdır. Başkasına değil de O'na tapınmamızın neden bu kadar önemli olduğunu daha sonra açıklayacağım. Tapınma bizi Tanrı'nın halkı olarak ayırır.

İkincisi, tapınma Tanrı'nın bize karşı olan şefkatli sevgi ve ilgisine verebileceğimiz en

31

uygun karşılıktır: *"Bizse... ...Elinin altındaki koyunlarız"* (Mezmur 95:1-7).

Tapınmanın Sonuçları

Tapınmanın iki sonucu ve bunun neticesinde tapınmadaki başarısızlığın bedelinin açıklandığına inandığım 95. Mezmur'la devam etmek istiyorum:

> *"Bugün sesini duyarsanız,*
> *Meriva'da, o gün çölde,*
> *Massa'da olduğu gibi,*
> *Yüreklerinizi nasırlaştırmayın.*
> *Yaptıklarımı görmelerine karşın,*
> *Atalarınız orada beni sınayıp denediler.*
> *Kırk yıl o kuşaktan hep iğrendim,*
> *'Yüreği kötü yola sapan bir halktır' dedim,*
> *'Yollarımı bilmiyorlar.'*
> *Bu yüzden öfkeyle ant içtim:*
> *'Huzur diyarıma asla girmeyecekler!'"*
> (Mezmur 95:7-11).

Burada gerçek tapınmanın (Rab'bin huzurunda boyun eğip diz çökmek) iki sonucunu görüyoruz. Birincisi, Tanrı'nın sesini duymamızdır. Coşkun bir övgü ve şükran dolu o gürültülü evreden, her şeyin sustuğu, hala Tanrı'nın huzurunda olduğumuz bir iç dinginliği, rahatlık ve sessizlik evresine geçeriz. Bu şekilde tapınırken Tanrı'nın sesini, daha önce kendimizle ve sorunlarımızla meşgul olduğumuzda hiç duymadığımız gibi duyarız. Tapınmanın esaslarından biri kendimizden vazgeçip Rab'be odaklanmaktır (orada kendi kişiliğimizi Rab'binkiyle adeta birleştirmeliyiz).

Tanrı'nın sesini duyabilmek hayati önem taşır. Yeremya'da, Tanrı bu konuyu kendi halkına vurgulayarak belirtti:

"Onlara şunu buyurdum: Sözümü dinlerseniz, ben sizin Tanrınız, siz de benim halkım olursunuz" (Yeremya 7:23).

Bu ifade, Tanrı'nın isteğini açıklayan bildiğim en sade açıklamadır. *"Sözümü dinlerseniz, ben sizin Tanrınız, siz de benim halkım olursunuz."* Yasanın Tekrarı 28. bölümde, itaatin getireceği tüm bereketler ve itaatsizliğin getireceği tüm lanetler sıralanır. Bereketler şöyle başlar: *"Eğer Tanrınız RAB'bin sözünü iyice dinler ve bugün size ilettiğim bütün buyruklarına uyarsanız, Tanrınız RAB sizi yeryüzündeki bütün uluslardan üstün kılacaktır. Tanrınız RAB'bin sözü-*

nü dinlerseniz, şu bereketler üzerinize gelecek ve sizinle olacak" (Yasanın Tekrarı 28:1-2). Lanetler de böyle başlar: *"Ama Tanrınız RAB'bin sözünü dinlemez, bugün size ilettiğim buyrukların, kuralların hepsine uymazsanız, şu lanetler üzerinize gelecek ve size ulaşacak"* (Yasanın Tekrarı 28:15). Püf noktası, Tanrı'nın sözünü dinlemek ya da dinlememektir.

Sizi şaşırtmak istemem ama Kutsal Kitap'ımızı sadece okumak yeterli değildir. Yuhanna'da şöyle der: *"Koyunlarım sesimi işitir... ...onlar da beni izler"* (Yuhanna 10:27). Sesini duymazsanız, İsa'yı takip edemezsiniz. Kutsal Kitap okumak iyidir, ancak bunu Rab'bin sesini hiç duymadan da yapıyor olabilirsiniz. Tapınmanın, Tanrı'nın sesini gerçekten duyabileceğimiz o yere girmek için belirlenmiş bir yol olduğuna inanıyorum.

Gerçek tapınmanın ikinci sonucu O'nun huzur diyarına girmemizdir. Tapınmak ve Tanrı'nın sesini duymak, bizi başka hiçbir yoldan gitmemiz mümkün olmayan bir rahatlık diyarına ulaştırır. Sadece tapınmayı bilenler o diyarın tadını çıkartabilirler. (Huzurlu bir şekilde dinlenmek modern Amerikalılar arasında çok nadir olarak görülür. Onlar huzursuz ve sinirli bir grup insandırlar).

"Böylece Tanrı halkı için bir Şabat Günü rahatı kalıyor. Tanrı işlerinden nasıl dinlendiyse, O'nun huzur diyarına giren de kendi işlerinden öylece dinlenir. Bu nedenle o huzur diyarına girmeye gayret edelim; öyle ki, hiçbirimiz aynı tür sözdinlemezlikten ötürü düşmesin" (İbraniler 4:9-11).

Bir an için Şabat Günü rahatını düşünelim. Yasa'yı vaaz etmiyorum. Hristiyanların Musa'nın Yasası altında olduklarına inanmıyorum. Romalılar'da bize şu hatırlatılır: *"Oysa her iman edenin aklanması için Mesih, Kutsal Yasa'nın sonudur"* (Romalılar 10:4). Mesih'in ölümü yasayı aklanma aracı olarak ortadan kaldırdı (başka açılardan değil). Musa'nın Yasası'nı yerine getirerek aklanamayız ve bu yüzden Hristiyanların Şabat Günü'ne yaklaşımının Yahudiler gibi olması gerektiğine inanmıyorum.

Ayrıca, Pazar gününün Şabat Günü olduğuna beni ikna edebilseniz bile (Pazar haftanın birinci günüyken Şabat yedinci günüdür), hepimiz berbat birer Şabat Günü çiğneyicisi olurduk. Şabat Günü ateş yakmak, ışık açmak, fırın yakmak veya çok kısa mesafe haricinde yolculuk etmek yasaktır. Birçoğumuz sadece kiliseye gitmekle bile Şabat Günü'nü çiğnemiş oluruz.

Ancak Kutsal Kitap şöyle der: *"Böylece Tanrı halkı için bir Şabat Günü rahatı kalıyor"* (İbraniler 4:9). Haftanın yedi günü de meşgulsem, Tanrı'yı hoşnut etmediğime inanmaya başlarım.

Tanrı'nın ilk kutsadığı şey zamandır. O yedinci günü kutsadı. Bir yeri veya şeyi kutsamadan önce zamanı kutsadı. Zamanın hala kutsanması gerektiğine inanıyorum. Tanrı İsrail'e şöyle dedi: *"Ama yedinci yıl nadasa bırakacaksınız; öyle ki, halkınızın arasındaki yoksullar yiyecek bulabilsin, onlardan artakalanı da yabanıl hayvanlar yesin. Bağınıza ve zeytinliğinize de aynı şeyi yapın"* (Çıkış 23:11). Bu nedir bilir misiniz? Bir iman testidir. Tanrım ne yiyeceğiz? *"Ben çaresine bakacağım; siz toprağı dinlendirin."* İsrail başarısız oldu. Söyleneni yapmadılar. Birkaç yüzyıl sonra Tanrı şöyle dedi: "Tamam. Topraklarınız için Şabatınız olmadı; bunu değiştireceğim. Esarete düşeceksiniz. Tutamadığınız tüm Şabat Günlerini telafi edeceksiniz."

Tanrı'nın imanlılara da böyle davrandığını düşünüyorum. Bazı insanlar asla dinlenmezler, haftalar boyunca aynı tempoyla çalışırlar ve Tanrı'ya asla zaman ayırmazlar. Sonunda kaçırdıkları Şabat Günlerini hastanede geçirdikleri zamanla telafi ederler.

Öyleyse size sorum şudur: Dinlenmenin ne olduğunu biliyor musunuz? Bir şeyler yapmadan, hatta düşünmeden durabilme yeteneğiniz var mı? Ne yapmanız gerektiğini düşünmeyi bırakıp şöyle uzanıp yatabiliyor musunuz? Korkarım birçoğumuz dinlenmenin ne olduğunu dahi bilmiyor.

Bu benim için yeni bir kavramdır: Tapınmayı ve dinlenmeyi öğrenmek. Bunlar birbiriyle çok yakından bağlantılıdırlar. Dans ederek, el çırparak ve ilahilerle, yüksek sesle Tanrı'ya şükretmeye ve O'nu övmeye inanıyorum. Ama diz çökmeye ve sessiz kalmaya ihtiyaç duyduğumuz zamanlar da gelir. Bugün, eğer O'nun sesini duyarsanız, yüreklerinizi katılaştırmayın. O'nun huzur diyarını kaçırmayın.

Tapınmadaki Başarısızlığın Sonuçları

İsrail halk olarak, Tanrı'nın tapınmaya çağrısını kabul etmekte başarısız oldu. Tekrar 95. Mezmur'a bakacak olursak, bu başarısızlığın sonuçlarını göreceğiz:

"Bugün sesini duyarsanız,
Meriva'da, o gün çölde,
Massa'da olduğu gibi,
Yüreklerinizi nasırlaştırmayın.
Yaptıklarımı görmelerine karşın,
Atalarınız orada beni sınayıp denediler.
Kırk yıl o kuşaktan hep iğrendim,
'Yüreği kötü yola sapan bir halktır' dedim,
'Yollarımı bilmiyorlar.'
Bu yüzden öfkeyle ant içtim:
'Huzur diyarıma asla girmeyecekler!'"
(Mezmur 95:7-11).

İsrail'in tapınmayı başaramamasının sonuçları neydi? Öncelikle, yürekleri katılaştı. İkinci olarak, Tanrı'nın sesini duyamaz oldular. Üçüncüsü, Tanrı'yı öfkelendirdiler. Ve dördüncüsü, kendileri için belirlenen huzur diyarına giremediler. Bizi eğilmeye ve diz çökmeye götüren övgü ve şükran adımlarını atmakta başarısız oldular. Tanrı'nın önünde O'nun sesini duyabileceğimiz ve bu sayede bizim için belirlenmiş huzur diyarımıza girebileceğimiz suskun ve saygılı bir sessizliğin sakin tavrından yoksundular.

1. Krallar 19'da, İlyas'ın İzebel'den kaçışı kaydedilmiştir. İlyas çölde bir sığınak buldu ve

daha sonra Tanrı'nın İsrail'in çocuklarıyla ilk antlaşmasını yaptığı Horev Dağı'na doğru uzun bir yolculuğa çıktı. İlyas Horev Dağı'na vardığında Rab ona konuştu ve Rab'bin vahyini alana kadar bir dizi dramatik olay yaşadı.

"RAB, 'Dağa çık ve önümde dur, yanından geçeceğim' dedi. RAB'bin önünde çok güçlü bir rüzgâr dağları yarıp kayaları parçaladı. Ancak RAB rüzgârın içinde değildi. Rüzgârın ardından bir deprem oldu, RAB depremin içinde de değildi. Depremden sonra bir ateş çıktı, ancak RAB ateşin içinde de değildi." (1. Krallar 19:11-12).

Tapınmaya giriş dediğim şey budur: Rüzgâr, deprem ve ateş. Muazzam gürültülü bir ses ve heyecan, ama bu tapınma değildi.

"Ateşten sonra ince, yumuşak bir ses duyuldu" (1. Krallar 19:12).

Tapınmayla bağdaştırmak istediğim şey budur: Uysal bir durgunluğun sesi.

"İlyas bu sesi duyunca, cüppesiyle yüzünü örttü" (1. Krallar 19:13).

Bu nedir? Tapınma işte budur. Kutsal Kitap'ta resmedilen melekler ve serafların Tanrı'nın huzurunda kanatlarıyla yüzlerini ve ayaklarını örtmeleri gibi, İlyas da kendi yüzünü örttü.

"İlyas bu sesi duyunca, cüppesiyle yüzünü örttü, çıkıp mağaranın girişinde durdu. O sırada bir ses, 'Burada ne yapıyorsun, İlyas?' dedi" (1. Krallar 19:13).

İlyas Tanrı'nın huzurunda, Tanrı'nın ona konuşabileceği o sakinlik ve saygıya büründü. Bu tutumla İlyas Tanrı'nın fısıldamasını duydu. Bunu başka hiçbir şekilde duyamazdı. Takip eden olayları okursanız, Tanrı'nın sesini duyarak, İlyas'ın yeni bir yönlendirme ve güç aldığını göreceksiniz. Yeni bir amaçla, imanla ve cesaretle tazelenmiş bir adam olarak yoluna devam etti. Dinlenmesi için hazırlanmış olan huzur diyarına tapınarak girmişti.

BÖLÜM 3

RUHTA VE GERÇEKTE

İsa Samiriyeli kadınla kuyunun başında yaptığı
sohbette, tapınmamızın Tanrı'yı hoşnut kılan
yürek tutumunu açıkladı. Kadın, tapınmanın
merkezi olma iddiasındaki Yeruşalim ve Sami-
riye'nin rekabeti hakkında konuşmaya başladı.
Ama bu iki coğrafi yerin bu konudaki hak
iddialarını tartışmaya açtığında, İsa sohbeti yeni
ve beklenmedik bir yöne çevirdi.

*"İsa ona şöyle dedi: 'Kadın, bana inan, öyle
bir saat geliyor ki, Baba'ya ne bu dağda, ne de
Yeruşalim'de tapınacaksınız! Siz bilmediğinize
tapıyorsunuz, biz bildiğimize tapıyoruz. Çünkü
kurtuluş Yahudilerdendir. Ama içtenlikle tapı-
nanların Baba'ya ruhta ve gerçekte tapınacak-
ları saat geliyor. İşte, o saat şimdidir. Baba da
kendisine böyle tapınanları arıyor. Tanrı ruhtur,
O'na tapınanlar da ruhta ve gerçekte tapınma-
lıdırlar'"* (Yuhanna 4:21-24).

41

İsa'nın kadına söyledikleri peygamberlik sözleriydi. Bu benim için Kutsal Kitap'taki en heyecan verici ve muhteşem ifadelerden biridir: Her şeye gücü yeten Tanrı Kendisine tapınacak insanlar arıyor. İsa şunu söyledi: "Baba, tapınanların içinden 'ruhta ve gerçekte' tapınan kişileri arıyor."

Şimdi İsa'nın bahsettiği bu iki ruhsal, içsel tutuma bir göz atalım. Bunu yaparken, ikinci sıradaki koşulla başlamak istiyorum: "Gerçekte."

"Gerçekte" Tapınmak

Vahiy kitabı bize, eninde sonunda Tanrı'nın varlığından yoksun kalacaklarla ilgili geniş bir liste verir.

"Ama korkak, imansız, iğrenç, adam öldüren, fuhuş yapan, büyücü, putperest ve bütün yalancılara gelince, onların yeri, kükürtle yanan ateş gölüdür. İkinci ölüm budur" (Vahiy 21:8).

Listedeki son guruba dikkat edin: *"Bütün yalancılar."* Yalancılar, Her Şeye Gücü Yeten Tanrı'nın huzuruna girmeye hak kazanamazlar. İşte bu yüzden O'na "gerçekte" tapınmalıyız. Elçilerin İşleri 5. bölümde yer alan Hananya ile

Safira'nın hikayesinde bu durumun çarpıcı bir örneği vardır. Tarlalarını sattılar ve satıştan gelen parayı bağış olarak elçilerin ayaklarının dibine bıraktılar. Maalesef, bağış iddia ettikleri gibi satıştan aldıkları paranın tamamı değildi. Bir kısmını kendilerine ayırmışlardı. Ve bu davranışları ikisinin de hayatına mal oldu. Tanrı'nın huzurunda ardı ardına düşüp öldüler (Elçilerin İşleri 5:1-11). Yalanın ve ikiyüzlülüğün Tanrı'nın huzuruna giriş hakkına sahip olamayacağıyla ilgili daha açık bir örnek olabilir mi?

Yine 1. Yuhanna'da Elçi Yuhanna bundan bahsetti:

"Mesih'ten işittiğimiz ve şimdi size ilettiğimiz bildiri şudur: Tanrı ışıktır, O'nda hiç karanlık yoktur. O'nunla paydaşlığımız var deyip de karanlıkta yürürsek, yalan söylemiş, gerçeğe uymamış oluruz" (1. Yuhanna 1:5-6).

Tanrı'ya geldiğimizde ışığa gelmiş oluruz. Karanlık için yer yoktur, içten pazarlık için yer yoktur, ikiyüzlülük için yer yoktur. İfadeye dikkatinizi çekerim: *"O'nunla paydaşlığımız var."* Paydaşlık ve tapınma birlikte yürür. Her ikisi için de sarsılmaz bir dürüstlüğe, samimiyete ve açıklığa ihtiyaç vardır.

"Ruhta" Tapınmak

Tanrı'ya "ruhta" tapınmayı anlayabilmek için, Kutsal Kitap'ın insan kişiliğiyle ilgili bize verdiği resmi kavramak zorundayız. Kutsal Kitap'a göre, insan kişiliği birbiriyle bağlantılı üç unsurdan meydana gelir: Ruh, can ve beden. Bu resim, Elçi Pavlus'un Selanik Kilisesi için ettiği duadan da yansır:

"Esenlik kaynağı olan Tanrı'nın kendisi sizi tümüyle kutsal kılsın. Ruhunuz, canınız ve bedeniniz Rabbimiz İsa Mesih'in gelişinde eksiksiz ve kusursuz olmak üzere korunsun" (1. Selanikliler 5:23).

Bedenin ne olduğunu biliyoruz. Can benliktir ("İstiyorum" ya da "istemiyorum", "düşünüyorum" veya "düşünmüyorum" diyen niteliktir). Genellikle üç alandan oluşan bir varlık olarak tanımlanır: İrade, zihin ve duygular. Bu alanlar üç basit ifadeyle ifade edilirler: "İstiyorum", "düşünüyorum" ve "hissediyorum". Son derece basitleştirilmiş gibi geliyor ama bence insandaki canın görünürdeki resmi budur.

Ancak ruhun sadece tek bir kritik işlevi vardır: Tanrı'yla ilişki kurmak. Tanrı'ya tapınması gereken beden veya can değil, ruhtur. Bu üç unsurun işlevlerini ve birbirileriyle ilişkisini anlamadan, tapınmayı gerçekten anlayamayız.

Mezmur 103'te Davut şöyle dedi: *"RAB'be övgüler sun, ey canım"* (2. ayet). Davut'un canıyla konuşan kimdi? Canı kendi kendine konuşmuyordu. Öyleyse, Davut'un canına *"Rab'be övgüler sun"* diyen kimdi? O Davut'un ruhuydu. Ruhu yanıyordu çünkü Tanrı'yla iletişim halindeydi. Davut'un ruhu şöyle diyordu: "Bu konuda bir şeyler yapmalıyız. Burada öylece oturma; bir şey yap. Canlan. Rab'be övgüler sun." Can, insan kişiliğinin vites koludur; karar verir ve bedene bu kararı uygulamasını emreder. İşler şöyle yürür: Ruh canla, can da bedenle ilgilenir.

Şimdi bir anlığına insanın yaratılışının kaydedildiği Yaratılış kitabının 2. bölümüne bakalım:

"RAB Tanrı Adem'i topraktan yarattı ve burnuna yaşam soluğunu üfledi. Böylece Adem yaşayan varlık oldu" (Yaratılış 2:7).

İnsan kişiliğinde iki belirleyici kaynak bulunur. Biri yukarıdan; diğeri aşağıdan. Yukarıdan olan insana üflenen yaşam soluğudur; Tanrı'nın Ruhu'dur. Aşağıdan olan insanın fiziksel doğasıdır, topraktan yaratılmış beden. Ruh'un ve toprağın birliği yaşayan canı meydana getirir: Ruhtan, candan ve bedenden oluşan insan kişiliği.

Ancak, insan günah işleyip Tanrı'ya başkaldırdığında, içindeki ruhu Tanrı'yla paydaşlığını kaybetti ve Tanrı için bir ölüye dönüştü. Böylece insan Kutsal Kitap'ın deyimiyle *"suçlardan ve günahlardan ötürü ölü"* hale geldi (Efesliler 2:1).

İnsan tövbe ve imanla Tanrı'ya geri döndüğü zaman, yeniden doğarak ruhu yenilenir ve Tanrı'yla kaybettiği paydaşlığı tekrar kurabilir. Paydaşlıkla tapınmanın birlikte yürümesi ilkesini burada bir kez daha görüyoruz. Ama Tanrı'yla doğrudan kurulan bu paydaşlığın beden veya canla değil, ruh vasıtasıyla mümkün olduğunu anlamamız gerekir.

Yani ancak yeniden doğmuş bir ruhla insan Tanrı'yla doğrudan ilişkiye geçebilir; şahıs Şahıs'a ve ruh Ruh'a. İsa şöyle dedi: *"Tanrı ruhtur, O'na tapınanlar da ruhta ve gerçekte tapınmalıdırlar"* (Yuhanna 4:24). Yaratılışta insan kişiliğine Tanrı tarafından üflenen ruh, yalnızca o ruh, Tanrı'yla doğrudan bir ilişki kurabilir ve Tanrı'ya *"ruhta"* tapınabilir.

Elçi Pavlus'un sözlerini okuyalım:

"Yoksa fahişeyle birleşenin, onunla tek beden olduğunu bilmiyor musunuz? Çünkü 'İkisi tek beden olacak' deniyor. Rab'le birleşen kişiyse O'nunla tek ruh olur" (1. Korintliler 6:16-17).

Pavlus, insanın başkalarıyla birleşebileceği iki değişik yoldan bahsediyordu. Biri bedensel yolla yani cinsel birleşme: Bir erkekle bir kadın. Diğeri ise ruhsal yolla yani ruhsal birleşme: İnsanın ruhuyla Tanrı'nın Ruh'u. Şaşırtıcı gibi görünen bu resim aslında çok açıktır. Bir adamın bir kadınla girdiği cinsel ilişkideki yakınlık derecesinde bir imanlı da tapınma birliği içinde Rab'le aynı şekilde ruhsal bir ilişkiye girebilir. Tanrı'ya ruhta tapınma budur. Tapınmak, Tanrı'yla birlikte olmaktır. Bu çok yakın bir ilişkidir. Tanrı'yla doğrudan kurulan ilişkidir.

İnsanın ne bedeni ne de canı bunu gerçekleştirebilir. Tapınmayla gelen bu birlik ilişkisi eşsizdir ve Tanrı'yla kurulabilecek en değerli ilişkidir ve sadece insanın ruhu bunu gerçekleştirebilir. İnsanın gerçekleştirebileceği en yüksek eylem budur (Tanrı'ya ruhta ve gerçekte tapınmak).

Bütün kişiliğimizin ayarını Tanrı'ya göre yapmalıyız ve Tanrı'ya O'nun istediği şekilde karşılık vermeliyiz. Ruhunuz canınız vasıtasıyla bedeninizi harekete geçirmelidir. Bunun başka yolu yoktur. Bu yüzden, ruhunuz Tanrı'ya tapınmak istediğinde, canınız ve bedeninizin işbirliği olmadan yapabileceği fazla bir şey yoktur. Ve canın ve bedenin işbirliğinden yoksun olduğu için tapınamayan ruh, hapsedilmiş bir ruhtur. Böyle bir ruh için beden, suskun ve karşılık vermeyen bir hapishanedir.

Birçok Hristiyanın sorunu budur. Onlara Tanrı Sözü'nü veriyoruz ama kilisenin ve tapınmanın çok eksik bir resmini sunuyoruz. Öyle ki, insanlar gerçek bir şey yaşadıklarında tuhaf hissediyorlar çünkü onları hep anormal bir şeyler beklemeye şartlamışız.

Çok şükür ki, Tanrı bize tapınma türlerinin bir yol haritasını sağlamıştır. Bizi tapınmaya, oradan da Kendi huzuruna yönlendirecek izleyebileceğimiz bir örnek vermiştir. Bu örnek "buluşma çadırı"dır.

BÖLÜM 4

BEDENİNİZ:
KANLA VE SUYLA TEMİZLENEN

Musa'nın buluşma çadırı Kutsal Kitap'ın en dikkat çekici olgularından biridir ve beni daima cezbetmiştir. Buluşma çadırı ilk olarak Mısırdan Çıkış kitabında açıklanır (25-30 ve 35-40. bölümler arasında). Tanrı'nın buluşma çadırı için Çıkış kitabında yaklaşık on iki bölüm ayırması, bana bu konunun devasa bir önem taşıdığını gösteriyor.

Buluşma çadırıyla ilgili ne zaman bir çalışma yapsam, kutsallık ve Tanrı'yla birlikte olmak için büyük bir istek duyarım. Bunun benim üzerimdeki etkisi böyle ve bu konunun Kutsal Kitap'ta yer almasının ana nedenlerinden birinin de bu olduğuna eminim.

En Kutsala Giden Yol

En kutsala giden yol mükemmeliyete, tamamlanmaya, olgunluğa ve bütünlenmeye giden yoldur. Bu konu İbraniler'e Mektup'ta, Yeni Antlaşma'nın başka hiçbir kitabında olmadığı şekilde gözler önüne serilir. Burada Buluşma Çadırı'nın Kutsal Kitap'ta Tanrı'ya ulaşma isteğimizin bir örneği olarak kullanıldığını görüyoruz. Aslında, İbraniler 9:8'de geçen *"kutsal yere giden yol"* ifadesi, tam olarak Buluşma Çadırı'nın şeklinden veya örneğinden esinlenerek kullanılmıştır.

"Eğer kendisi yeryüzünde olsaydı, kâhin olamazdı. Çünkü Kutsal Yasa uyarınca sunuları sunanlar var. Bunlar göktekinin örneği ve gölgesi olan tapınakta hizmet ediyorlar. Nitekim Musa tapınma çadırını kurmak üzereyken Tanrı tarafından şöyle uyarıldı: 'Her şeyi sana dağda gösterilen örneğe göre yapmaya dikkat et'" (İbraniler 8:4-5).

Beşinci ayetteki sözler, Buluşma Çadırı'nın bizim örneğimiz veya *"göktekinin örneği ve gölgesi"* olduğunun göstergesidir. Gözler önüne serilen ruhsal bir gerçeği yansıtan somut bir gerçekliktir. Daha sonra İbraniler 9'da bundan tekrar bahsedilir.

"Böylelikle aslı göklerde olan örneklerin bu kurbanlarla, ama gökteki asıllarının bunlardan daha iyi kurbanlarla temiz kılınması gerekti. Çünkü Mesih, asıl kutsal yerin örneği olup insan eliyle yapılan kutsal yere değil, ama şimdi bizim için Tanrı'nın önünde görünmek üzere asıl göğe girdi" (İbraniler 9:23-24).

Buluşma Çadırı en kutsal yere, Her Şeye Gücü Yeten Tanrı'nın huzuruna giden yol için bir örnek olarak bize gösterilir. Buluşma Çadırı, bu yolu el yordamıyla aramaktan, bu yol hakkında tahminde bulunmaktan ya da sadece istediğimizi veya düşündüğümüzü yapmaktan daha ötesidir. En kutsal yere giden belirlenmiş kesin bir yol vardır ve bu yol çeşitli bölmelerle ve yol üzerindeki eşyalarla bizlere açıklanır.

Buluşma Çadırı'nın üç ana bölümden oluşan bir yapısı vardı: Dış avlu, Kutsal Yer (ilk perdenin arkası) ve En Kutsal Yer (ikinci perdenin arkası). Üçlü bir yapıydı: Üç alanı olan tek bir yapı. Bu yapı birçok açıdan çok anlamlıydı. Tanrı'nın doğasını resmediyordu (Baba, Oğul ve Kutsal Ruh). Göklerin doğasını resmediyordu (Kutsal Kitap Pavlus'un üçüncü göğe götürüldüğünden bahseder; 2. Kor. 12:2). Ve insanın doğasını da resmediyordu (beden, can ve ruh).

Bu üç alanı birbirinden ayırt etmenin yollarından biri, oralarda bulunan ışığın türüdür. Dış avludaki ışık doğaldı: Gündüz güneş, gece de ay ve yıldızlar. Birinci perdenin arkasındaki Kutsal Yer'deki ışık yapaydı. Yedi kollu bir şamdan tarafından sağlanıyordu. Ama ikinci perdenin arkasındaki En Kutsal Yer'de ne doğal ne de yapay ışık vardı. Çadırın içindeki o küçük alanın ışığı, Her Şeye Gücü Yeten Tanrı'nın doğaüstü varlığı tarafından sağlanıyordu. Işık sağlayan Tanrı'nın bu varlığı İbranicede *shekinah* kelimesiyle ifade edilir ve Tanrı'nın görünen yüceliği anlamına gelir. Buluşma Çadırı'nın üçüncü alanı olan En Kutsal Yer'in yegane ışık kaynağı buydu. Ve bu ışık, Her Şeye Gücü Yeten Tanrı'nın Kendi halkı arasında konut kurduğunun bir belirtisiydi.

Buluşma Çadırı'nın bu üç bölgesi yaşantılarımızın pek çok yönüyle örtüşür. Ama ben bunu daha önce de bahsettiğim insan kişiliğinin üç alanıyla bağdaştırmak istiyorum: Beden, can ve ruh. Dediğim gibi, Tanrı'ya bedenimiz veya canımızla değil, ruhumuzla tapınırız. Yani dış avlu bedenimize karşılık gelir. Kutsal Yer canımızı simgeler. Ve En Kutsal Yer de ruhumuzdur. Tapınırken yalnızca ruhta Tanrı'yla ilişki kurabiliriz. Bu yüzden tapınmanın en son bölgesi ikinci perdenin arkasındaki En Kutsal Yer'dir.

Peki, insan tapınmada nasıl aşama kaydedebilir? Tabi ki, Buluşma Çadırı'ndaki örneği dış avludan En Kutsal Yer'e kadar takip ederek.

Dış Avlu

Buluşma Çadırı'na yaklaşırken daima dış avludan başlanırdı. Bunun gibi, Tanrı'ya yaklaşırken daima fiziksel ve doğal bölgeyle başlarız. Bu alan bedenimizi ve İsa yeryüzündeyken Mesih'in yaşamını simgeler. İsa Celile ve Yeruşalim'in sokaklarında doğal duyularla görülebilen, dokunulabilen ve işitilebilen bir insan olarak yürüdü. Bu nedenle, dış avluda bize açıklanan şeyleri doğal duyularımızla ve insan bilgisiyle algılarız.

Buluşma Çadırı'nın dış avlusuna giren birinin göreceği ilk nesne büyük bir tunç sunaktır. Bir keresinde bir öğretmenim bana, bu sunağın dört kenarının da yaklaşıp bakanların ilk olarak kendilerini görebilmeleri için cilalı bronz levhalarla kaplandığını söylemişti. Bu sunak, tüm kurbanlık hayvanların kesildiği ve Tanrı'ya yakmalık sunu olarak sunulduğu yerdi. Bizim için bu sunak Mesih'in bizim yerimize ölümünü simgeler. Bağışlanabilmemiz ve Tanrı'yla barışabilmemiz için Mesih'in döktüğü kanı anlatır. Başlangıç noktası budur. Çarmıhı pas geçemeyiz. Yalnızca çarmıhtan başlayarak ve İsa'nın bizim yerimize kurban olmasının nimetlerinden faydalanarak tapınma yolunda aşama kaydedebiliriz.

Tunç Sunağın Dört Kenarı

Bronzdan yapılmış sunağın, Tanrı'nın İsa'nın çarmıh üzerindeki ölümüyle mümkün kıldığı dört farklı sağlayışı simgeleyen dört kenarı vardı. Birincisi, geçmişteki günahların bağışlanmasıdır ve hayati önem taşır. Günahlarınız bağışlanmamışsa, daha ileriye gidemezsiniz. Bu konu Romalılara Mektup'ta da ifade edilir:

"Tanrı Mesih'i, kanıyla günahları bağışlatan ve imanla benimsenen kurban olarak sundu. Böylece adaletini gösterdi. Çünkü sabredip daha önce işlenmiş günahları cezasız bıraktı" (Romalılar 3:25).

Tunç sunağın diğer kenarı ilk günahın ortadan kaldırılmasını simgeler. Çoğul anlamda günahlarla (davranışlarımızla işlediğimiz günahlar) ruhsal bir güç olarak günah (günah işlememize neden olan kötü, düşmüş, köle edici güç) arasında çok önemli bir ayırım vardır. Ruhsal bir güç olarak ilk günah tüm günahların kaynağıdır. Günahlarla ilgilendiğimizde yalnızca ağacın dallarıyla uğraşırız. Tüm günah dallarını besleyen ağacın gövdesiyle uğraşmamış oluruz. 2. Korintliler'de şöyle der:

"Tanrı, günahı bilmeyen Mesih'i bizim için günah sunusu yaptı. Öyle ki, Mesih sayesinde Tanrı'nın doğruluğu olalım" (2. Korintliler 5:21).

Burada gerçekleşen bir takas vardır. Biz O'nun tüm doğruluğuyla doğruluk olabilelim diye, İsa tüm günahkârlığımızla günah oldu. Burada söz konusu olan şey günahlar değil ilk günahtır. İbraniler'de okuduğumuza göre:

"Öyle olsaydı, dünyanın kuruluşundan beri Mesih'in tekrar tekrar acı çekmesi gerekirdi. Oysa Mesih, kendisini bir kez kurban ederek

günahı ortadan kaldırmak için çağların sonunda ortaya çıkmıştır" (İbraniler 9:26).

Mesih bir kez kurban olarak bir kez acı çekti ve böylece yapılması gereken her şeyi yaptı.

Sunağın üçüncü kenarı bizim düşmüş doğamızdır (her birimizin içinde bulunan asi*). "Eski yaradılışımız Mesih'le birlikte çarmıha gerildi"* (Romalılar 6:6). Bu ayetin Grekçesinde de geçmiş zaman kipi kullanılmıştır. Yani bu tarihi bir olaydır. Bilseniz de bilmeseniz de gerçektir. Ama bilmediğiniz bir şeyden yararlanamazsınız.

"Artık günaha kölelik etmeyelim diye, günahlı varlığımızın ortadan kaldırılması için eski yaradılışımızın Mesih'le birlikte çarmıha gerildiğini biliriz" (Romalılar 6:6).

Günah işlevsiz kılındı; artık herhangi bir şekilde kendini öne sürerek hak iddia edemezdi. Günahın köleliğinden kurtulmanın tek yolu eski günahkâr yaradılışımızın ölmesidir. Eski yaradılışımız o kadar ümitsiz bir vakadır ki, Tanrı'nın onun için bir çözümü yoktur. Tanrı onu kiliseye göndermez, On Emir'i öğretmez veya dindar biri haline getirmez. Tanrı'nın eski yaradılışımız (eski Adem) için ürettiği tek çare onu infaz etmektir.

Tanrı'nın merhametiyle bu infaz çarmıhta İsa'nın kişiliğinde gerçekleşti. İsa öldüğünde eski yaradılışımız da O'nunla birlikte öldü. Bunu bilir ve güveninizi bunun üzerine koyarsanız işe yarar. Ama eğer bunu bilmiyorsanız, güveninizi de bunun üzerine koyamazsınız ve böylece bu infazın size bir yararı olmaz. Bunu bilip de güveninizi bunun üzerine koymazsanız yine bir işe yaramaz. Bu infazın sizin hayatlarınızda iş görebilmesi için, bunu hem bilmeli hem de güveninizi bunun üzerine inşa etmelisiniz.

Sunağın kendimizi Tanrı'ya sunduğumuz dördüncü kenarı, yakmalık sunudur. Yakmalık sunu, sunağın ateşiyle tamamıyla yakılarak Tanrı'ya sunulan bir armağandı. İsa'yı sembolize eden Levililer'in sunu düzenini incelerseniz, ilk söz edilen sununun yakmalık sunu olduğunu göreceksiniz. Çünkü öncelik insanla veya günahkârla değil Tanrı'yla ilgilidir (Levililer 1:3). Geri kalan her şeyin olmasını sağlayan şey, İsa'nın Tanrı'nın iradesinin sunağında (çarmıhta) yakmalık sunu olmasıydı. İsa *"Yine de benim değil, senin istediğin olsun"* demeye istekli olmasaydı,

ondan sonra olması gereken hiçbir şey gerçekleş-
meyecekti.

Buluşma Çadırı'nın anlamı açıklanırken,
Kutsal Kitap'a göre sondan başa doğru ilerleme
kaydettiğimizi göreceksiniz. Kutsal Kitap San-
dık'la[1] başlar ve buradan ileriye doğru yol alır.
Bunun nedeni, kurtuluş ve kefaret için ilk adımın
insandan değil, Tanrı'dan gelmiş olmasıdır. Tan-
rı bunu yapmaya gönüllü olmasaydı, hiçbir şey
olmayacaktı. İsa çarmıhın üzerinde kendini su-
nan ilk yakmalık sunu olmasaydı, sizin ve benim
için kurtuluş söz konusu bile değildi. Ama bizim
için düzen tersine çevrilmiştir. Önce günahla-
rımızı bağışlatmak zorundayız; ilk günahımız
ortadan kaldırılmalı, eski yaradılışımız ölmeli
veya çarmıha gerilmelidir. Ancak bundan sonra
Tanrı'ya kendimizi O'nu hoşnut eden bir yak-
malık sunu olarak sunabiliriz. Bu gerçek *"Öyley-
se kardeşlerim, Tanrı'nın merhameti adına size
yalvarırım"* diye başlayan Romalılar 12:1'de
ortaya çıkar. *"Öyleyse"* kelimesi, ilk on bir bö-

---

[1] Kutsal Kitap'ta Nuh'un *Gemisi* ve Antlaşma *Sandığı*
için gemi ve sandık aynı kelimeyle ifade edilir
(İngilizce: Noah's *Ark* ve *Ark* of Covenant).

lümde gözler önüne serilen müjde gerçeğine göndermede bulunur.

Yaptığı onca şeyden sonra Tanrı'nın bizden istediği nedir?

"Öyleyse kardeşlerim, Tanrı'nın merhameti adına size yalvarırım: Bedenlerinizi diri, kutsal, Tanrı'yı hoşnut eden birer kurban olarak sunun. Ruhsal tapınmanız budur" (Romalılar 12:1).

Sunağın üç kenarından geçmeden Tanrı'ya kendinizi hoşnut eden bir sunu olarak sunamazsınız. Sonra Tanrı şöyle der: "Bedenini istiyorum." Pek az Hristiyan bunun farkındadır. Tanrı tüm bedenimizi ister. Eski Antlaşma'da, öldürülen hayvanların bedenleri bütünüyle sunağın üzerine yerleştirilirdi. Tanrı şöyle diyor: "Senin bedenini de aynı şekilde sunağın üzerinde istiyorum. Tek bir farkla: Ölü değil diri."

Sonraki ayet şöyle devam eder:

"Bu çağın gidişine uymayın; bunun yerine, Tanrı'nın iyi, beğenilir ve yetkin isteğinin ne olduğunu ayırt edebilmek için düşüncenizin yenilenmesiyle değişin" (Romalılar 12:2).

Bedeninizi sunağın üzerine koymadan, Tanrı'nın isteğini keşfedemeyeceksiniz. Eğer koyarsanız, zihniniz yenilenir ve Tanrı'nın isteği size açılmaya başlar. Sunağın dört kenarına da uğramadan daha ileriye gidemezsiniz. Önce geçmiş günahlarınız bağışlanır, sonra Tanrı onları ortadan kaldırır. Daha sonra, eski yaradılış (eski Adem) infaz edilir ve bedeninizin tamamı Tanrı'ya tam bir teslimiyetle sunağın üzerine yerleştirilir. O andan itibaren bedeniniz artık size ait değildir. Kendinize ait değilsiniz; bir bedelle satın alındınız (1. Kor. 6:19-20).

Tunç Kazan

Daha sonra, Buluşma Çadırı'nın avlusunda Mısırdan Çıkış'ta açıklanan tunç kazana rastlarız:

"RAB Musa'ya şöyle dedi: Yıkanmak için tunç bir kazan yap. Ayaklığı da tunçtan olacak. Buluşma Çadırı ile sunağın arasına koyup içine su doldur. Harun'la oğulları ellerini, ayaklarını orada yıkayacaklar. Buluşma Çadırı'na girmeden ya da RAB için yakılan sunuyu sunarak hizmet etmek üzere sunağa yaklaşmadan önce, ölmemek için ellerini, ayaklarını yıkamalılar. Harun'la soyunun bütün kuşakları boyunca

sürekli bir kural olacak bu" (Mısırdan Çıkış 30:17-21).

Tunç kazan Buluşma Çadırı'yla sunağın arasındaydı. Kazana uğramak isteğe bağlı değildi; Buluşma Çadırı'na girmek isteyen herkesin mutlaka kazandan geçmesi gerekiyordu. İçinde yıkanmadan kimse kazandan öteye geçemezdi.

Kazan, Tanrı'nın Sözü'nü simgeler. Mısırdan Çıkış'ta daha sonra şunu okuruz:

"Buluşma Çadırı'nın giriş bölümünde hizmet eden kadınların aynalarından tunç ayaklıklı tunç bir kazan yaptı" (Mısırdan Çıkış 38:8).

Kazanın yapımında hammadde olarak kullanılan tunç madeni Buluşma Çadırı'nda hizmet eden ve tapınan İsrailli kadınların aynalarından sağlandı. Unutmayın, o zamanlar ayna yoktu. Bulabileceğiniz en iyi ayna, özenle cilalanmış tunçtan düz bir levhaydı. Bu nedenle kazanın üç niteliği vardır: Aynadan yapılmıştı, hammaddesi tunçtu ve suyla doluydu. Bu üç özellik de Tanrı'nın Sözü'nü anlatır.

İlki, Tanrı Sözü bir aynadır:

"Çünkü sözün dinleyicisi olup da uygulayıcısı olmayan kişi, aynada kendi doğal yüzüne bakan kişiye benzer" (Yakup 1:23).

Tanrı'nın Sözü dışsal ve fiziksel görünüşü değil, içsel ve ruhsal durumu yansıtır. Eğer Tanrı'nın gözünde neye benzediğinizi bilmek istiyorsanız, aynaya bakın. Kutsal Kitap'ı okudukça kendi eksikliğimin, kusurlarımın ve zayıflıklarımın daha çok farkına varıyorum. Aynaya baktığınızda iki şey yaparsınız. O kadar da kötü görünmüyorum deyip hiçbir şey yapmadan çeker gidersiniz. Ya da gördüğünüz şeyle ilgili değişiklikleri ve düzeltmeleri yapmak için harekete geçersiniz (Yakup böyle yaptığınızda kutsanacağınızı söyledi). Unutmayın, Söz'ü sadece duyanlar değil, duydukları doğrultusunda harekete geçip uygulayanlar kutsanırlar.

İkincisi, Tanrı Sözü yargıcımızdır. Tunç her zaman ilahi sınavın ve yargılanmanın bir simgesidir. Tanrı sizi görür, hiçbir şey saklıda değildir ve Rab'bin gözünde her şey çıplak ve açıktır. Yuhanna 12'de İsa şöyle dedi:

"Sözlerimi işitip de onlara uymayanı ben yargılamam. Çünkü ben dünyayı yargılamaya değil, dünyayı kurtarmaya geldim. Beni redde-

62

den ve sözlerimi kabul etmeyen kişiyi yargıla-
yacak biri var. O kişiyi son günde yargılayacak
olan, söylediğim sözdür" (Yuhanna 12:47-48).

Baba Tanrı'nın yargıç olduğunu ilk Petrus
söyler (1. Petrus 1:17). Yuhanna bize, Baba'nın
tüm yargılama işini Oğul'a bıraktığını söyler
(Yuhanna 5:22). Ama Yuhanna 12'de İsa şöyle
dedi: "Sizi ben yargılamam. Tüm yargılama işini
Söz'e bıraktım."

Ve yargılama Söz'ün standardına göre
gerçekleştirilecektir. Bize kendimizi yargılamak
için kutsanmış bir fırsat veren Söz, ilahi yargının
mutlak standardıdır. *"Kendimizi doğrulukla*
yargılasaydık, yargılanmazdık" (1. Korintliler
11:31). Bizi yargılamayan kimdir? Tanrı. Tanrı
şöyle der: "Eğer aynaya bakarak kendinizi yar-
gılarsanız, sizi yargılamak zorunda kalmam."

Kazanla ilgili üçüncü özellik, temizleme
unsuru olarak Tanrı Sözü olan sudur.

"Mesih kiliseyi suyla yıkayıp tanrısal sözle
temizleyerek kutsal kılmak için kendini feda etti.
Öyle ki, kiliseyi üzerinde leke, buruşukluk ya da
buna benzer bir şey olmadan, görkemli biçimde
kendine sunabilsin. Amacı kilisenin kutsal ve
kusursuz olmasıdır" (Efesliler 5:26-27).

Bu ayette Mesih'in kendini kurban olarak sunduğu çarmıhtan bahsedilir. Mesih'in, kanıyla satın aldığı insanları Tanrı Sözü'nün suyuyla yıkayıp temizlediğini ve kutsal kıldığını görüyoruz. Şunu aklınızda tutun: Mesih, daha sonra Tanrı Sözü'nün temizleyen suyuyla yıkayıp kutsal kılabilsin diye, kiliseyi kanıyla satın alıp kurtardı. Kutsal kılınmak, kutsallık ve Tanrı'nın isteğinin gerçekleşmesi çarmıhtaki kana ve Söz'ün suyuna bağlıdır. Tunç sunağa gelip de kazanda yıkanmayanlar ölüme mahkûmdular. Mesih'in çarmıh üzerindeki ölümüne iman ederek satın alınmış olabilirsiniz. Ama Tanrı Sözü'nün suyunda yıkanmazsanız temizlenip kutsal kılınamazsınız. İsa, Tanrı Sözü'nün suyuyla yıkanıp kutsal kılınmış ve yüceltilmiş bir kilise için geliyor. Bu çok açıktır. Tanrı Sözü üzerinde çalışmayan, Söz'e teslim olup itaat etmeyen ve Söz'le yaşamayan herhangi bir imanlı, Mesih'in gelişine hazır olmayı beklemesin.

"Suyla ve kanla gelen İsa Mesih'tir. O yalnız suyla değil, suyla ve kanla gelmiştir. Buna tanıklık eden Ruh'tur. Çünkü Ruh gerçektir" (1. Yuhanna 5:6).

İsa, Yüce Öğretmen olarak suyla geldi. Ama O aynı zamanda kanını dökmüş olan kurtarıcıdır. Kan akıtmadan günahlar silinemez ve kurtuluş yoktur (İbraniler 9:22). İsa, daha sonra Söz'ün suyuyla yıkayıp temizlesin ve kutsal kılabilsin diye kanını döktü. O, suyla ve kanla geldi.

BÖLÜM 5

CANINIZ:
TAPINMAYA DUYGUSAL BİR
YAKLAŞIM

En Kutsal Yer'e doğru yolculuğumuza devam ediyoruz. Tanrı Musa'ya göklerdeki olayların ve gerçeğin bir örneğini verdi. Ama Eski Antlaşma'da bizden saklanan ve sadece gölgesini gördüğümüz göksel hakikatlerin içine yalnızca İsa Mesih'teki Yeni Antlaşma'yla girebiliriz.

Şimdi Buluşma Çadırı'nın avlusundan Kutsal Yer'e geçeceğiz. İnsan kişiliğiyle bağdaştırarak ifade edecek olursak, bedene ait fiziksel bölgeden cana ya da duygulara ait olan bölgeye doğru gidiyoruz. Veya Mesih'in hayatıyla bağdaştırarak söyleyecek olursak, İsa'nın yeryüzünde yaşadığı günlerden ölümden dirildikten sonra insanlara göründüğü günlere doğru gidiyoruz.

"Evet, Mesih herkes için öldü. Öyle ki, yaşayanlar artık kendileri için değil, kendileri uğru-

na ölüp dirilen Mesih için yaşasınlar. Bu neden-
le, biz artık kimseyi insan ölçülerine göre tanı-
mayız. Mesih'i bu ölçülere göre tanıdıksa da,
artık öyle tanımıyoruz" (2. Korintliler 5:15-16).

Burada artık bahsettiğimiz şey sadece İsa'-
nın ölümü değil, aynı zamanda dirilişidir. Somut
bilginin olduğu dış avludan geçip Kutsal Ruh
tarafından bilgilendirileceğimiz alana gidiyoruz.

Birinci Perde

Dış avludan ayrılırken öncelikle ilk perde-
den geçmemiz gerekir. Bunun Mesih'in dirilişini
simgelediğine inanıyorum. Bu perdeden geçtiği-
miz zaman, İsa'nın ölülerden dirilişiyle bize açı-
lan bir alana gireriz. Burası bir bakıma, Mesih'in
dirilişindeki kimliğimizdir.

"Mesih'le birlikte dirildiğinize göre, gökteki
değerlerin ardından gidin. Mesih orada, Tan-
rı'nın sağında oturuyor" (Koloseliler 3:1).

Mesih'le birlikte öldük. Ama Kutsal Kitap
aynı zamanda O'nunla birlikte dirildiğimizi söy-
ler.

Kutsal Yer

Bu ilk Kutsal Yer'de üç ana nesne göze çarpıyordu: Üzerinde ekmek sunulan masa, kandillik ve altın buhur sunağı. Bunların insan canının işlevleriyle uyuştuğunu düşünüyorum.

Üzerinde Ekmek Sunulan Masa

Bu masayı insanın iradesiyle bağdaştırabiliriz. Ekmek, Kutsal Kitap'ta gücün simgesidir ve canın gücü zihinden veya duygulardan değil, iradeden kaynaklanır. Çok parlak bir zihniniz olabilir ya da çok duygusal olabilirsiniz ve buna rağmen çok zayıf kalabilirsiniz. Vaaz verdiğim zaman, insanların duygularına erişmeyi arzulamıyorum. Onların iradelerine erişmeyi ve değiştirmeyi istiyorum. İnsanları duygusal olarak harekete geçirmek nispeten kolaydır, ama onların iradelerini değiştirmezsek bu girişim tamamen etkisiz kalır. Amacımız bu olmalıdır. Masanın üzerindeki ekmek insan iradesini simgeler.

Mezmurlar'da tam da bahsettiğimiz alanla ilgili anahtar bir ayet vardır:

"Hayvanlar için ot, insanların yararı için bitkiler yetiştirirsin. İnsanlar ekmeğini topraktan

çıkarsın diye, yüreklerini sevindiren şarabı, yüzlerini güldüren zeytinyağını, güçlerini artıran ekmeği hep sen verirsin" (Mezmur 104:14-15).

Burada Tanrı'nın insan canının üç alanıyla ilgili sağlayışını buluruz. Şarap duygulardır. Yağ zihindir. Ve ekmek iradeyi anlatır. Tanrı'nın sağlayışı bu üç şeyde özetlenir: Tahıl, şarap ve yağ. Yoel 1'de, Tanrı'yı terk eden halkın bu üç şeyden ve Tanrı'nın varlığından yoksun kaldığını görürüz. Tanrı, Ruhu'nu dökeceğini söylediği Yoel 2'de şunu da söyler: *"Bakın, size tahıl, yeni şarap ve zeytinyağı vereceğim, bunlara doyacaksınız"* (Yoel 2:19). Tahıl iradenin gücüdür ve Tanrı'nın Sözü'dür. Zeytinyağı Kutsal Ruh'un aydınlatışıdır. Ve şarap da Rab'bin coşkusudur. Bu üçünden de yoksunsanız, verimsiz bir hayat yaşıyorsunuz demektir. Ama Tanrı'ya döndüğümüzde, bunları sağlayacağı kesindir.

Mesih bizzat iradenin örneğini sergiledi:

"Bunun için Mesih dünyaya gelirken şöyle diyor:
Kurban ve sunu istemedin,
Ama bana bir beden hazırladın.
Yakmalık sunudan ve günah sunusundan
Hoşnut olmadın.

O zaman şöyle dedim:
'Kutsal Yazı tomarında
Benim için yazıldığı gibi,
Senin isteğini yapmak üzere,
Ey Tanrı, işte geldim'" (İbraniler 10:5-7).

Mesih'in bedeni tek bir amaç için hazırlandı: Tanrı'nın isteğini yerine getirmek. Bunun gibi bedenlere sahip olmamızın tek bir nedeni vardır: Tanrı'nın isteğini yerine getirmek. Diğer her şey ikinci plandadır. İsa'nın kendisi şöyle dedi:

"Ben kendiliğimden hiçbir şey yapamam. İşittiğim gibi yargılarım ve benim yargım adildir. Çünkü amacım kendi istediğimi değil, beni gönderenin istediğini yapmaktır" (Yuhanna 5:30).

Bu çok önemli bir ilkedir. Kendi isteğinizin peşinden gitmezseniz adil bir yargılama yapabilirsiniz (doğruyu yanlıştan ayırt edebilirsiniz). Baba'nın isteğini ararsanız, aldanmazsınız. Sağduyulu olursunuz, ayırt etme yeteneğine sahip olursunuz ve yargılama gücünüz olur. Ama kendi isteğinizin ardına düşerseniz, o zaman yanlış yola sapmış olacaksınız.

Matta'da bu konuya nokta koyan bir ayet vardır: "'Baba' dedi, 'Mümkünse bu kâse benden uzaklaştırılsın. Yine de benim değil, senin istediğin olsun'" (Matta 26:39). Bu, İsa'nın iradesini Baba'yla her noktada birleştirdiğinin bir resmidir. Benzer şekilde, iradenizi teslim ederek Tanrı'nın mükemmel iradesini keşfedebilirsiniz.

İsa'yı güçlendiren şey, Tanrı'nın isteğini yerine getirmesiydi. Kuyunun başında Samiriyeli kadınla karşılaştıktan sonra öğrencileriyle yaptığı konuşmada da bunu görmek mümkündür:

"Bu arada öğrencileri O'na, 'Rabbî, yemek ye!' diye rica ediyorlardı. Ama İsa, 'Benim, sizin bilmediğiniz bir yiyeceğim var' dedi. Öğrenciler birbirlerine, 'Acaba biri O'na yiyecek mi getirdi?' diye sordular. İsa, 'Benim yemeğim, beni gönderenin isteğini yerine getirmek ve O'nun işini tamamlamaktır' dedi" (Yuhanna 4:31-34).

İsa kuyunun başına oturduğunda fiziksel olarak zayıftı. Ama kadına tanıklıkta bulunması ve Tanrı'nın isteğini yerine getirmesi, O'nu fiziksel olarak gerçekten de güçlendirdi. Artık yemek için bir acelesi yoktu. Aynısı bizim için de geçerlidir. Tanrı'nın isteğini yapmak bizi güçlendirir. İrademizi Tanrı'nınkine uydurmak canlarımıza güç ve anlam katar.

Üzerine ekmek koyulan masa için İbranice ve Grekçede kullanılan kelime İngilizceye *showbread* olarak tercüme edilmiştir. Ama bu tercüme, anlamı tam olarak karşılamaz. Aslında şöyle tercüme edilmesi gerekir: "Yüze (surata) ait ekmek." Kimin yüzü? Devamlı olarak Tanrı'nın yüzünün önünde bulunan ekmek. Çölde Sayım kitabında bu ekmek "sürekli" ekmek olarak adlandırılır (Çölde Sayım 4:7). Bu ekmek, Tanrı'nın yüzü önünde gece gündüz ve haftanın yedi günü sürekli olarak bulundurulurdu. Beni bundan daha derinden etkileyen bir şey olmamıştır. Bir düşünün, irademiz masadaki ekmek somunu gibi gece gündüz ve günde yirmi dört saat Tanrı'nın huzurunda sergileniyor. Tanrı irademi yoklamak istiyor. O masanın üzerinde tam olarak on iki ekmek somunu bulunurdu. Eğer somunlardan biri bile eksikse veya yerinde değilse Tanrı bunun nedenini bilmek ister.

Bu noktayı anladığınızda, birçok felaketten ve kalp acısından korunacağınızın garantisini verebilirim. Kollamanız gereken şey, kendi iradenizdir. Tanrı'yla olan ilişkinizde her şeyin gerçekten başladığı yer kendi iradenizdir.

Masadaki ekmeğin sağlayışı Levililer kitabında bulunur:

"İnce undan on iki pide pişireceksin. Her biri efanın onda ikisi ağırlığında olacak. Bunları RAB'bin huzurunda iki sıra halinde, altışar altışar saf altın masanın üzerine dizeceksin. İki sıra ekmeğin yanına anma payı olarak saf günnük koyacaksın. Bu RAB için yakılan sunu olacak ve ekmeğin yerini alacak. Bu ekmek, İsrail halkı adına sonsuza dek sürecek bir antlaşma olarak, her Şabat Günü aksatılmadan RAB'bin huzurunda dizilecek. Ve Harun'la oğullarına ait olacak. Onu kutsal bir yerde yiyecekler. Çünkü çok kutsaldır. RAB için yakılan sunulardan onların sürekli bir payı olacak" (Levililer 24:5-9).

Masadaki ekmek, Tanrı'nın Kendini hoşnut eden türden bir iradeyi aramasını simgeler. Bu bağlamda yukarıdaki ayette ekmeğin sekiz ardışık özelliği olduğunu görüyorum. Birincisi, ekmeğin yapımında kullanılan tahıl çok ince öğütülmüş olmalıdır. *"Buğday ekmek yapmak için öğütülür"* (Yeşaya 28:28). Tanrı istediği iradeyi gerçekleştirene kadar insanın iradesini öğütür. İradeniz (isteğiniz) ancak o un gibi pürüzsüz ve

73

ince olunca kabul görür. O zamana dek Tanrı öğütme işlemine devam edecektir.

İkincisi, ekmek somunu şekillendirilmelidir. İradeniz Tanrı'nın Kutsal Kitap'ta vahyettiği iradesine uygun olmalıdır. Ve şekillendirme için kullanılan örnek İsa'dır.

Üçüncüsü, şekil verildikten sonra ateşte pişirilmelidir. Ateş denenmeyi simgeler. Şöyle dersiniz: "Tamam Tanrım, senin istediğini yapacağım." Sonra her şey ters gitmeye başlar. Bir günde beş kez işiniz ters gider. Ateşe dayanamadığınız için fikrinizi değiştirir misiniz? Etrafınızın ateşle sarıldığına şaşırmayın. Bu, ekmeğin pişmesidir.

Dördüncüsü, ekmek belli bir sırayla dizilmelidir. On iki somun iki sıra halinde altışar altışar dizilmelidir. Bir sırada yedi, diğerinde beş tane olmaz. Birçok Hristiyanın, özellikle de karizmatiklerin çuvalladığı yer burasıdır. Disiplin olmadan öğrenci olamazsınız (disiplin ve öğrenci kelimelerinin İngilizcede kullanılan karşılıkları Latince aynı kökten türemiştir: Discipline ve disciple). Bir sırada beş diğerinde yedi somun olmasının bir şey fark etmeyeceği fikrindeyseniz, Tanrı'yla aynı şekilde düşünmüyorsunuz demektir. Tanrı, her sırada altışar tane karşılıklı olarak duracak der. Gelişigüzel ve eğri büğrü değil. İradeniz bu şekildeyse, çalışma masanız, iş yeriniz ve mutfağınız da bu şekilde olacaktır. Hayatınızda bir düzen tutturmakta zorlanıyorsanız masadaki ekmekleri inceleyin.

Beşincisi, ekmeklerin etrafında, Kutsal Kitap'ta tapınmanın bir şeklini simgeleyen saf günnük olmalıdır. Vereceğimiz karşılık şu olamaz: "Eh tamam Tanrım, eğer çok ısrar ediyorsan yapacağım." Şöyle olmalıdır: "Teşekkür ederim Rab, Senin isteğini yerine getirdiğim için çok memnunum. Teslimiyetle başımı eğiyor ve Sana tapınıyorum. Senin iraden gerçekleşecek." Göklerde olduğu gibi yeryüzünde de standart budur.

Altıncısı, hep bahsettiğimiz gibi, ekmek gece gündüz sürekli olarak Tanrı'nın huzurunda sergilenmelidir. Tanrı şöyle der: "Ekmeğin nerede olduğunu görmek istiyorum."

Yedincisi, masayı çevreleyen iki tane koruyucu kenarlık vardır (Mısır'dan Çıkış 37:10-12). Ekmek o kadar değerliydi ki, masanın üst tablasının kenarında iki koruyucu set vardı. Öyle ki, bir ekmek kırıntısı yanlışlıkla ilk setten dışarıya doğru sıçrasa bile, ikinci set onun yere düşmesini engellerdi. Benzer şekilde iradenizin çevresinde çift kenarlık vardır. Çift kenarlık nedir? Uyanık kalmak ve dua etmektir.

"Her an uyanık kalın, gerçekleşmek üzere olan bütün bu olaylardan kurtulabilmek ve İnsanoğlu'nun önünde durabilmek için dua edin" (Luka 21:36).

Yaşam tarzınız, Tanrı'nın üzerinize indireceği dayanılmaz yargılamayı haksız kılmalıdır. O yargıdan muaf tutulabilmek için uyanık durun ve dua edin. *"Uyanık durup dua edin ki, ayartılmayasınız. Ruh isteklidir, ama beden güçsüzdür"* (Matta 26:41). İsa şöyle dedi: "Beni yol boyunca takip edeceğinizi söylediniz. Ama uyanık kalıp dua etmezseniz hazırlıksız yakalanırsınız." Öğrencilerin başına gelen de buydu. Uyanık durmak ve dua etmek, ekmeği masanın üzerinde tutan çift koruyucudur.

Ekmeğin sekizinci ve son özelliği, masanın üzerine daima taze olarak koyulmasıdır. İradenizi düzenli olarak tekrar Tanrı'ya adamalısınız. Smith Wigglesworth şöyle demişti: "Her yeni vahiy yeni bir adanma gerektirir." Bence de öyle. Tanrı yeni bir gerçeği, yeni bir görevi her gösterdiğinde, masanın üzerine taze ekmek koymak gerekir.

Dış avluda Tanrı'nın bizim için yaptıkları vardı. Ama Kutsal Yer'e girdiğimiz zaman, bizim Tanrı'ya verdiğimiz karşılık söz konusudur. Bu benim için çok nettir. Sokakta yürürken veya günlük bir etkinliğe katılırken kendi kendime şöyle düşünürüm: *Ekmek masanın üzerinde mi? Her somun yerli yerinde mi? İçimde Tanrı'nın iradesine teslim olmayan bir şey var mı?* Tanrı'nın isteğine körü körüne boyun eğmekten değil, O'nun isteğini yerine getirdiğim için gerçekten zevk almaktan bahsediyorum.

Kandillik

Kutsal Yer'deki diğer bir eşya insan zihnine benzettiğim yedi kandilli kandilliktir (ışığın kaynağı). Kandillik zeytinyağıyla aydınlatılırdı. Bu, Kutsal Ruh'la aydınlatılan insan zihnini simgeler.

Kandillik ve En Kutsal Yer'de bulunan Antlaşma Sandığı'nın üzerindeki keruvlar dövme altından yapıldı. Buluşma Çadırı'ndaki diğer her şey saf altından yapıldı. Saf altın doğası gereği tanrısaldır; dövme altın ise tanrısal bir el işçiliğinin ürünüdür. Benzer şekilde keruvlar yaratılmış varlıklar olduğu gibi, akıl da Tanrı'nın bir yaratışıdır. Dahası, dövme altın bir şekillendirme, çekiçleme ve belli bir kalıba sokma işlemi gerektirir. Bunun, zihnimizin iki farklı yüzünü simgelediğine inanıyorum: Çalışmak ve disiplin. Zihninizin kandilliğinin Tanrı'nın amacına uygun hale gelebilmesi için, çekiçlenmeye veya şekillendirilmeye ihtiyacı vardır.

"Safsataları, Tanrı bilgisine karşı diklenen her engeli yıkıyor, her düşünceyi tutsak edip Mesih'e bağımlı kılıyoruz" (2. Korintliler 10:5).

Bu ayet açıkça insanın zihninden bahseder. Kendi doğamızı terk ettiğimizde, düşüncelerimiz Tanrı'yla çatışır. *"Çünkü benliğe dayanan düşünce Tanrı'ya düşmandır; Tanrı'nın Yasası'na boyun eğmez, eğemez de..."* (Romalılar 8:7). O düşmanın her düşüncesi (benliğe dayanan düşünce) tutsak edilip Mesih'e bağımlı kılınmalıdır. Bu süreç, altına çekiçle şekil verilerek kandillik yapılmasıdır.

Zihninizin Mesih'e bağımlı olduğunu ne zaman bilebilirsiniz? Düşündüğünüz her şey Kutsal Kitap'la uyumlu olduğu zaman.

Mesih'e gelmeden önce felsefe eğitimi almış biri olarak, zihnimdeki sorunlar ortalama bir Hristiyanınkinden çok daha fazlaydı. Tanrı bana bu alanı hayatımın zayıf bölgesi olarak gösterdi. Zihnim için korumaya ihtiyacım olduğunu bana gösterdi ve başıma geçirmem için kurtuluş umudunun miğferini verdi (1. Selanikliler 5:8). Dünyanın Tanrı'ya düşüncede yabancılaştığını bana gösterdi. İncil'in en büyük hizmetlerinden biri, insanların düşüncelerini tutsak edip Mesih'e bağımlı kılmasıdır. Ama Tanrı işe kendi düşüncelerimden başlamam gerektiğini bana gösterdi. Kesinlikle hedefe varmış değilim, ancak gençliğimdekine kıyasla çok daha farklı bir zihinsel yapıya sahibim. Her düşünceyi tutsak edebilmek için kandilliğin üzerinde bilinçli olarak çalışmam gerekti. Her imanlının geçmesi gereken süreç budur.

Mezmurlar'da anlayış yeteneğinin ışıkla bağlantılı olduğunu görürüz:

"Sözlerinin açıklanışı aydınlık saçar,
Saf insanlara akıl verir" (Mezmur 119:130).

Ve daha sonra bu kavrayışın ruhsal bir süreç olduğunu anlarız: *"Düşüncede ve ruhta yenilenmeyi....öğrendiniz"* (Efesliler 4:23). "Yenilenmek" kelimesi, zihnin sürekli ve gelişerek yenilendiğini ima edercesine şimdiki geniş zaman kipinde kullanılmıştır. Bu yenilenme bir defalık bir olay değildir.

Anlama yeteneği, düşüncelerinizi Kutsal Ruh'a teslim ederek gelir. Kutsal Ruh zihninizi ele geçirirken, onu Kendi yazdığı Kitap'la (Kutsal Kitap) uyumlu hale getirecektir. Kutsal Ruh zihninizi tutsak ettiğinde, düşünceleriniz Kutsal Kitap'la her noktada uyuşur. Ama bu bir süreçtir.

İsa insan iradesi (istekleri) için bir örnek oluştururken, aynı şeyi insan zihni (düşünceleri) için de yapmıştır:

"Mesih İsa'daki düşünce sizde de olsun" (Filipililer 2:5).

İsa gibi düşünmeyi öğrenin. Ayetin devamında anahtar kelimenin *alçakgönüllülük* olduğunu göreceksiniz:

"Mesih, Tanrı özüne sahip olduğu halde, Tanrı'ya eşitliği sımsıkı sarılacak bir hak saymadı" (Filipililer 2:6).

İsa Kendini çarmıhta ölme noktasına kadar alçalttı. İsa'nın düşüncesi buydu. Zihin kendi çarmıhına katlanmalıdır. Gururunuzun, inatçı düşüncelerinizin tutsak edilip, itaati, alçakgönüllülüğü ve çarmıhta ölümü tadacağı süreç budur. Çarmıha gerilmiş olan düşünce Tanrı'yla tartışmaz. "Ama" demez, "Amin" der.

Zihnin aydınlanması iradenin teslim edilmesine bağlıdır. Kendi iradenizden vazgeçmeden zihninizi aydınlatamazsınız. Aydınlanmış zihin daima iradenin durumunu belli eder. Tapınakta kandilliğin ekmeklerin düzenli bir şekilde dizildiği masanın üzerinde olduğunu hatırlamakta fayda var.

İradenizin düzeni bozulursa, aydınlanmış zihniniz bunu gösterecektir ve iradeniz de buna gücenecektir. Daha sonra bir karanlığa gireceksiniz. Doğru vahiyler yerine yanlış olanları alacaksınız. İsa şöyle dedi: *"Buna göre, içinizdeki 'ışık' karanlıksa, ne korkunçtur o karanlık!"* (Matta 6:23).

Aydınlanma yeri, gitmekte olduğumuz En Kutsal Yer, en kutsal olandır. Doğru vahiyler alabilmek için en kutsal olanla uygun bir ilişkiniz olmalıdır. Aydınlanmanın kaynağıyla doğru bir ilişkiniz yoksa sadece yanlış vahiyler alacaksınız. İmanlının Tanrı'dan gelen ilahi vahiyleri ve yönlendirmeleri alabileceği düzen budur. Tanrı'nın Ruh'u imanlının ruhunu kontrol eder ve orada işler. İmanlının ruhu da kendi canını ve bedenini kontrol eder. Yani, her şeyde olduğu gibi, öncelik, başlangıç kaynağı Tanrı'dır ve her şey iradenin tamamen Tanrı'ya teslim edilmesine dayanır.

Altın Buhur Sunağı

Kutsal Yer'deki son eşya olan altın buhur sunağı, odadaki en yüksek parçaydı. Diğer her şey yaklaşık 70 santimetre yüksekliğindeyken, bu sunak 90 santimetreydi. Sunağın tepesinin her bir köşesinde boynuzları vardı. Boynuzların arasında ateş yanardı ve bu ateşin üzerine yakmalık sunu olarak kurbanlık hayvanlar koyulmazdı. Bu ateşin üzerine yerleştirilebilecek tek şey, belli bir formülle yapılan özel bir buhurdu. Aynı formülün kullanılarak buhur yapılması ve bu altın sunaktan başka bir yerde kullanılması yasaya aykırıydı.

Başka bir deyişle, buhur sunağı tapınmanın imanlının hayatındaki yerini simgeler. Tanrı'ya verdiğimiz bir tapınma vardır ve bunu başka hiç kimseye sunmamalıyız. Vaizlere tapınanlardan olmayın. Çünkü bu, sizi Tanrı'nın huzuruna yönlendirecek yegane sunağa ait olan buhurun yasaya aykırı kullanımıdır.

Altın sunağın yedi belirleyici özelliğini sayabiliriz. Hala insanın canıyla ilgili bölgede olduğumuzu unutmayın. Tanrı ilkin iradenizle (masadaki ekmekler), sonra zihninizle (kandillik) ilgilenir ve daha sonra duygularınızı serbest bırakmaya hazırlanır. Bazıları inanç hayatlarında duygulardan korkarlar. Ancak bunun mantıklı bir tarafı yoktur, çünkü duygular insanın vazgeçilmez bir parçasıdır. Duyguların kontrolden çıkıp karmaşaya yol açması doğaldır, ama izlediğimiz bu örnek sayesinde duygularımızı tekrar kontrol altına alabiliriz.

Tanrı'nın arzusu, duygularımızın bizi kontrol etmesi değil, bizim duygularımızı kontrol etmemizdir. Kontrolü sağlayan iradedir. Dans edebilir, kutlama yapabilir ve birçok insan gibi kendimden geçebilirim. Ama bana bunları yaptıran duygularım değil, irademdir. Duygularımın beni yönetmesine izin veremem. Bunu derken, duygusuz görüneceğimi söylemiyorum. Duygularım var, ama her biri doğru yerine oturmalıdır.

İradeniz (istekleriniz) ve zihniniz (düşünceleriniz) yoluna girdiğinde, duygularınız üzerinde tam bir hakimiyet sağlayacağınıza inanıyorum. Ama başka bir yoldan dolanırsanız, o zaman duygularınızın esiri olursunuz.

Bu nedenle, altın sunağın ilk belirleyici özelliği dört kenara sahip ve kare şeklinde olmasıydı. Karenin dört kenarının eşit uzunlukta olması gibi, duygularınız da dengeli olmalıdır. Herhangi bir duygu diğerlerini bastırmamalıdır.

İkincisi, ekmek masası çift kenarlıkla korunurken, altın buhur sunağında bu bir taneydi. Duyguların koruyucu kenarı nedir? Oto-kontrolden başka bir şey değildir. Duygularınızdan sorumlu olduğunuzu unutmayın. Onların sizi ele geçirmesine asla izin vermeyin.

Üçüncüsü, ateş yoğunluğu, saflığı ve canın tutkusunu simgeler. Tanrı bizim duygusuz insanlar olmamızı istemez. Bilakis, tutku dolu olmamızı ister. Ama bu tutku kontrollü, saf ve yönlendirilmiş olmalıdır.

William Booth'un kızı Kate Booth Clibborn bir keresinde şöyle demişti: "İsa bizi tutkuyla sever ve tutkuyla sevilmek ister." Gerçekten de öyle. Tutku kutsallığın bir parçasıdır, ama doğru bir ilişki içinde ve doğru bir denetim altında yaşanmalıdır.

Altın sunağın dördüncü unsuru, ateşle denenerek hoş koku çıkaran sadakati anlatan buhurdu. Günnük ateşe konuncaya kadar siyah, sevimsiz bir topaktır. Sonra muhteşem bir kokuya dönüşür. Diğer yandan, bal ateşe konuncaya kadar tatlı ve sevimlidir. Sonra yapışkan, siyah bir pisliğe dönüşür. Ve Tanrı, Rab için yakılan sunuların içinde kesinlikle bal yakılmamasını söyledi (Levililer 2:11). Eğer ateş denenmesinden geçemeyecekse, tatlı sözlerin veya hoş deyimlerin anlamı yoktur.

Beşincisi, yükselen dumandı. Güzel ve hoş kokulu beyaz duman, yüceltme ve tapınmadaki hayranlığı ifade eder.

Altıncısı, sunağın boynuzlarının her yıl Günahları Bağışlatma Günü'nde Tanrı'nın gazabını yatıştıran kurbanın kanıyla arındırılması gerekirdi. Başka bir deyişle, tapınmamız daima Tanrı'nın huzuruna tek giriş yolunun İsa'nın kanıyla olduğunun bilinciyle olmalıdır. Eğer tapınmamızı İsa'nın kanından başka bir şey vasıtasıyla sunacak olursak, Tanrı bunu tamamıyla reddeder. Sunağın kanla arındırılması gerekiyordu. Odadaki eşyaların en yüksek olanı bu sunaktı. Boynuzlar, Bağışlanma Kapağı'nın üzerindeki keruvların hizasına kadar yükseltilmişti. Bu yüzden, yüceltme, övgü ve tapınmada ayaklarımız yerden kesilirken, buhur dumanının en yüksek ruhsal seviyelere yükselmesine benzer bir deneyim yaşıyoruz.

Ve son olarak, altın sunak candan ruha bir geçiştir; kutsal olandan en kutsal olana. Yüceltme, övgü ve tapınmadan başka belirlenen bir yol yoktur. Bu nedenle, içeride bulunan o en kutsal yere düzgün bir tavırla gireriz (Tanrı'nın koşullarıyla uyumlu olan irademiz, zihnimiz ve duygularımızla). Artık, Tanrı'nın tam olarak huzuruna girmeye ve gerçek tapınmayı keşfetmeye hazırız.

BÖLÜM 6

RUHUNUZ:
EN KUTSALA GİDEN YOL

İçinde yol aldığımız Buluşma Çadırı, insan doğasının üçlü doğasını simgeleyen üçlü bir yapıdır. Buluşma Çadırı'nın bu üç alanını insan kişiliğinin üç alanına benzettik: Dış avluyu bedene, Kutsal Yer'i cana ve şimdi de En Kutsal Yer'i insanın ruhuna.

İkinci Perde

Kutsal Yer'den ayrılırken ikinci perdeden geçeriz. Sadece Günahları Bağışlatma Günü'nde, yılın bu bir günü, kâhinin ikinci perdenin arkasına geçmeye izni vardı. Oraya bir elinde tunç sunaktan kan, diğer elinde de altın sunaktan alınan buhurun ve kor halinde kömürlerin bulunduğu buhurdanlıkla geçebilirdi. Çünkü en kutsal yere ancak öncesiz ve sonsuz kurbanın kanı ve tapınma ve övgünün buhuruyla girilebilir. Tapınma olmadan, Kutsal Yer'in ötesine geçme iznimiz yoktur. Gerçek tapınmayı öğrenene kadar canın alanında kalmaya mahkûmuz. Oradan çıkabilmenin tek yolu kanla arındırılmış tapınmadır. Bu perdeyi Mesih'in göğe yükselişinin bir simgesi olarak algılıyorum.

"Ama merhameti bol olan Tanrı bizi çok sevdiği için, suçlarımızdan ötürü ölü olduğumuz halde, bizi Mesih'le birlikte yaşama kavuşturdu. O'nun lütfuyla kurtuldunuz. Tanrı bizi Mesih İsa'da, Mesih'le birlikte diriltip göksel yerlerde oturttu" (Efesliler 2:4-6).

O'nunla birlikte yalnızca ölülerden dirilmedik, aynı zamanda bu ayetin söylediği gibi O'nunla göksel yerlerde oturmak için diriltildik. İlk perde dirilişin simgesidir. İkinci perde ise bizi göksel yerlere götürüp Mesih'in tahtına oturtan dirilişi simgeler.

En Kutsal Yer

Hatırlayacağınız gibi, En Kutsal Yer'de Tanrı'nın açık, görünen ve kişisel varlığından (*shekinah* yüceliği) başka bir ışık kaynağı yoktu. Tapınmanın gerçekleştiği yer burasıdır. Tanrı'nın huzurundayken başka bir aydınlatma kaynağına ihtiyacımız olmaz. Burada Tanrı'yla birebir kişisel ve ruhsal bir ilişkinin ayrıcalığını yaşarız.

En Kutsal Yer'de aynı yerde duran iki parça eşya göze çarpardı. Birincisi, Antlaşma Sandığı'ydı. Ve sandığın üzerinde, kenarlarında Keruvlar bulunan Bağışlanma Kapağı vardı.

Ruh'un üç etkinliği (tapınma, paydaşlık ve vahiy) ancak Tanrı'yla bizzat kurulan ilişkide bir anlam kazanır. İnsanın ruhu Tanrı'yla birleşene kadar ölüdür. Bedeniniz ve canınız Tanrı'yla doğrudan ilişkiniz olmasa da çalışabilir, ama ruhunuz yalnızca Yaratan'la kuracağı ilişkiyle hayat bulur. Ruhunuz Tanrı'dan ayrı düşmüşse ölü, karanlık ve kördür. Yani ruhun tüm çalışması sadece Tanrı'yla bizzat gireceği ilişkide anlam bulur.

Antlaşma Sandığı

Sandık ruhunuza görünen Mesih'tir. Ya da, ruhunuzda görünen Mesih'tir. Tapınağın anlamını açıklama yöntemimize göre En Kutsal Yer insanın ruhunu temsil eder. Kutsal Kitap'ta sandık, daima Mesih'in simgesidir. Örneğin, Nuh'un sandığı (gemisi) Mesih'teki sizi simgeler. Musa'nın sandığı sizdeki Mesih'i simgeler. Ama ikisi de Yeni Antlaşma ilişkisini simgelerler.

Antlaşma Sandığı, Buluşma Çadırı'nda kullanılan tüm ahşap kısımlar gibi akasya ağacından yapılmıştı ve içi de dışı da altınla kaplıydı. Ahşap İsa'nın insanlığını, altın ise tanrılığını simgeliyordu. Sandığın içinde üç şey vardı: On Emir'in yazılı olduğu taş levhalar (Antlaşma Levhaları), altın man testisi ve Harun'un filizlenmiş asası (bunları daha sonra detaylı olarak inceleyeceğiz). Buluşma Çadırı daha sonra İsrail'de Tanrı'nın yaşadığı başka bir yapıya dönüştü: Süleyman'ın yaptığı tapınak. Antlaşma Sandığı tapınağa getirildiğinde, içeriği değişmişti:

"Kâhinler RAB'bin Antlaşma Sandığı'nı tapınağın iç odasına, En Kutsal Yer'e taşıyıp Keruvlar'ın kanatlarının altına yerleştirdiler. Keruvlar'ın kanatları sandığın konduğu yerin üstüne kadar uzanıyor ve sandığı da, sırıklarını da örtüyordu. Sırıklar öyle uzundu ki, uçları iç odanın önünden görünüyordu. Ancak dışarıdan görünmüyordu. Bunlar hâlâ oradadır. Sandığın içinde Musa'nın Horev Dağı'nda koyduğu iki levhadan başka bir şey yoktu. Bunlar Mısır'dan

çıkışlarında RAB'bin İsrailliler'le yaptığı antlaş-
manın levhalarıydı" (2. Tarihler 5:7-10).

Buluşma Çadırı sona erdirilip tapınak inşa
edildiğinde altın man testisi ve Harun'un filiz-
lenmiş asası sandığın içinden çıkarıldı. Buluşma
Çadırı'nın bugünkü kilisenin bir resmi olduğuna
inanıyorum: Hafif, taşınabilir ve geçici. Taşına-
bilsinler diye her şeyin bir taşıma sırığı vardı.
Toplanabilir, taşınabilir ve tekrar kurulabilirdi.
Bu anlamda şimdiki çağın kilisesine benzer.

Süleyman'ın tapınağı ise gelecek çağın kili-
sesidir: Temelli, kalıcı, zafer kazanmış ve görü-
nür gücüyle hüküm süren. Şu anda o güç görün-
mezdir (ruhsaldır).

Sandıktan iki şey çıkarıldı. İlki, saklı man
olan altın man testisi (gelecek çağda artık saklı
kalmayacak). Ve Tanrı'nın gücünü ve yetkisini
simgeleyen Harun'un filizlenmiş asası (gelecek
çağda açıkça sergilenecek). Ama taş levhalar hep
sandığın içinde kalacaktır.

Taş Levhalar

Bu iki taş levha Tanrı'nın ebedi ve adil
yasasını simgeler. Evrende Tanrı'nın kendi doğ-
ruluğunu yansıtan bir yasa vardır. Bu yasa Tan-

rı'nın Kendisi gibi değişmez ve ebedidir. 40.
Mezmur Mesih'le bağlantılı olarak bize bu yasa-
yı anlatır:

"O zaman şöyle dedim:
'İşte geldim; Kutsal Yazı tomarında benim
için yazılmıştır.
Ey Tanrım, senin isteğini yapmaktan zevk
alırım ben,
Yasan yüreğimin derinliğindedir'" (Mezmur
40:7-8).

Sandıktaki taş levhalar, yüreğinde Tanrı'nın
yasası olan ve bu ebedi yasadan milim bile sap-
mayan Mesih'i simgeliyordu.

Tanrı ilkin bu taş levhaları İsrail halkına
açıkça sundu. Ama Musa yasaların yazılı olduğu
iki taş levhayı alıp dağdan inene kadar, halk ken-
dine put yaparak yasanın ilk buyruğunu çiğne-
mişti bile. Musa öfkeyle levhaları yere atıp par-
çaladı. Sonra Musa tekrar dağa çıktığında Tanrı
ona şöyle dedi: "Taştan yeni levhalar oy ve Ben
onların üzerine Kendi parmağımla yazacağım."
Ancak bu kez Musa'nın taş levhaları İsrail hal-
kına göstermeye yetkisi yoktu. Ona, levhaları
sandığın içine koyması buyrulmuştu. Sonra da
üzerine Bağışlanma Kapağı kapatılacaktı. O an-

dan itibaren o kapağı herhangi bir şekilde kaldır-
mak ölümcül bir günahtı. Bu, insanın yasayı
kendi çabasıyla yerine getirme gayretlerinin sona
ermesiydi. İnsan bir kez denedi, ama yasa daha
dağdan inmeden onu çiğnedi. Tanrı buna bir son
vermeye karar verdi ve başka bir yol yarattı.
Yasayı yerine getiren artık insan değil, insanda
bulunan ve yüreğinde yasayı taşıyan Mesih'ti
(tek aklanma yolumuz).

Sandık sizin içinizde, yasa da sandığın için-
dedir (sandık Mesih'tir). İbranilere Mektup,
yüreğinde yasa olan Mesih'in içimizde olduğu
gerçeğini gözler önüne serer:

*"Oysa halkını kusurlu bulan Tanrı şöyle
diyor:*

*'İsrail halkıyla ve Yahuda halkıyla yeni bir
antlaşma yapacağım günler geliyor' diyor Rab.
'Atalarını Mısır'dan çıkarmak için ellerinden
tuttuğum gün onlarla yaptığım antlaşmaya
benzemeyecek. Çünkü onlar antlaşmama bağlı
kalmadılar, Ben de onlardan yüz çevirdim' diyor
Rab"* (İbraniler 8:8-9).

Antlaşma bozuldu, çünkü İsrail halkı daha
antlaşmanın yazıya dökülmesi bitmeden yasayı
çiğnedi.

"'O günlerden sonra İsrail halkıyla yapacağım antlaşma şudur' diyor Rab, 'Yasalarımı zihinlerine işleyeceğim, yüreklerine yazacağım. Ben onların Tanrısı olacağım, onlar da benim halkım olacak" (İbraniler 8:10).

Tanrı'nın halkı olma koşulu budur: Tanrı'nın yasasına duvara asılı iki levhayla değil, yüreğinize yazılmış olarak sahip olmak. Sizi Tanrı'nın halkı yapan budur. Pavlus şöyle yazdı:

"Yahudileri kazanmak için Yahudilere Yahudi gibi davrandım. Kendim Kutsal Yasa'nın denetimi altında olmadığım halde, Yasa altında olanları kazanmak için onlara Yasa altındaymışım gibi davrandım. Tanrı'nın Yasası'na sahip olmayan biri değilim, Mesih'in Yasası altındayım. Buna karşın, Yasa'ya sahip olmayanları kazanmak için Yasa'ya sahip değilmişim gibi davrandım" (1. Korintliler 9:20-21).

Aslında bu çok iyi bir tercüme değildir. Pavlus'un kastettiği şuydu: "Mesih'in yasası altındayım, çünkü Mesih yasayı benim yerime tutuyor. Mesih yüreğimi yönettikçe Tanrı'nın yasası Mesih vasıtasıyla yüreğimi yönetiyor. Yasayı yerine getiren ben değilim; yasayla dolu olarak sonsuza

kadar yüreğimde yaşayan Mesih'tir. Ben tama-
mıyla, yüceliğe kavuşma ümidim olan içimdeki
Mesih'e bağımlıyım." (Koloseliler 1:27).

Altın Man Testisi

Altın Man Testisi'nin başlangıcı, Tanrı'nın
çölde amaçsızca dolaşan halkına yiyecek sağ-
ladığı zamana dayanır. Yuhanna İsa'dan aktara-
rak bize manı şöyle anlatır:

*"Yaşam ekmeği Ben'im. Atalarınız çölde
man yediler, yine de öldüler. Gökten inen öyle
bir ekmek var ki, ondan yiyen ölmeyecek"* (Yu-
hanna 6:48-50).

Mesih açıkça beyan ediyordu: "Gerçek man
benim, gökten inen ekmeğim." Sonra muazzam
bir şey söyledi:

*"Yaşayan Baba beni gönderdiği ve ben
Baba'nın aracılığıyla yaşadığım gibi, bedenimi
yiyen de benim aracılığımla yaşayacak"* (Yu-
hanna 6:57).

Aslında İsa şunu diyordu: "Baba'yla birlik
içinde bir yaşamım var. Ve bana iman edenin de
Benim Baba'yla birlik içinde bir yaşamım oldu-
ğu gibi, Benim'le birlik içinde bir yaşamı ola-

95

caktır. Ve Benim'le birlik içindeki yaşamında Ben'den beslenecektir. Ben imanlının yüreğindeki saklı man olacağım. Ve Bana iman eden o manla her gün eksiksiz olarak beslenecek."

Vahiy'de İsa kilisedeki tüm imanlılara seslenir ve bu saklı manın vaadini verir:

"Kulağı olan, Ruh'un kiliselere ne dediğini işitsin. Galip gelene saklı mandan vereceğim" (Vahiy 2:17).

Altın testideki man budur. İçimizde O'nunla girdiğimiz ruhsal ilişkiyle man olan Mesih'ten besleniriz. O'ndan beslenerek, O'nun Baba'yla yaşadığı birlik gibi biz de O'nunla birlik içinde yaşarız. Mesih'le yaşadığımız ruhsal birlik O'nu yüreklerimizdeki saklı mana dönüştürür.

Harun'un Filizlenmiş Asası

Sandıktaki üçüncü eşya, Musa'nın Firavun ve büyücülerinin önünde Tanrı'nın mucizelerini gerçekleştirdiği Harun'un filizlenmiş asasıydı. Çölde dolaşırken öyle bir zaman geldi ki, İsrail'in diğer oymaklarının önderleri Harun'un Başkâhin ve En Kutsal Yere girmeye tek yetkili kişi olmasına karşı çıktılar. Tanrı şöyle dedi: "Bu duruma kesin bir çözüm bulacağız. Tüm İsrail önderleri asalarını Bana getirsin." Asa her oymak için bir yetki simgesiydi. Her önder kendi adını asasının üzerine yazdı. Tanrı'nın buyruğu uyarınca, tüm asaları Tanrı'nın huzuruna koydular ve yirmi dört saat sonra geri geldiler. Döndüklerinde on bir asa da bıraktıkları gibi duruyordu. Ama on ikinci asa sadece yirmi dört saat içinde, filiz vermiş, çiçek açmış ve badem yetiştirmişti. Filizlenmiş olan değneğin üzerinde *Harun* yazıyordu. Tanrı Harun'un yetkisini tekrar onaylamıştı (Çölde Sayım 17:1-10).

Bugün o asanın üzerinde yazılı olan isim Harun değil, *İsa*'dır. Tanrı İsa'yı ölülerden dirilterek O'nun ilahi yetkisini onayladı. Yani asa tanrısal onaydır ve tanrısal vahiyle gelir. Vahiye ve onaya sahipseniz yetkiniz var demektir.

Şimdi En Kutsal Yer'de ne olduğuyla ilgili bir resmimiz var. Sandıktaki üç parça eşya sırasıyla şunları simgeler: Tapınma, paydaşlık ve vahiy. Paydaşlık tapınmayla ilgili tavrımızdan doğar. Tapınma olmadan paydaşlığınız olmaz. Tanrı saygısız ve aceleci biriyle paydaşlık kurmaz. Ama tapınmayla O'na yaklaşırsanız paydaşlığına girersiniz. Altın testideki manla beslenmeye başlarsınız. Ve sonra tapınmadan ve paydaşlıktan gelen vahiy, iradenizi ve Tanrı'nın amacını açığa çıkarır. Shekinah yüceliği orayı aydınlatır.

Bağışlanma Kapağı

Şimdi de sandığı kapatan Bağışlanma Kapağı'nı inceleyeceğiz. Daha önce de belirttiğim gibi, sandık Mesih'tir. Mesih'in dışında bağışlanma yoktur, kabul edilme yoktur ve yaşam yoktur. Sandığın içindeyseniz bağışlanma altındasınız.

Romalılar kitabında *bağışlanma kapağı* için kullanılan Grekçe kelime *yatıştırma* ya da *kefaret* kapağıdır (İngilizce çevirisi ise *merhamet* kapağıdır).

"İnsanlar İsa Mesih'te olan kurtuluşla, Tanrı'nın lütfuyla, karşılıksız olarak aklanırlar. Tanrı Mesih'i, kanıyla günahları bağışlatan ve imanla benimsenen kurban (gazap yatıştıran kurban) *olarak sundu"* (Romalılar 3:24-25).

Mesih'in kefareti, O'nun kurban olması Bağışlanma Kapağı'dır. Onunla, çiğnenmiş yasanın (kabullenmekte ve yerine getirmekte hepimizin başarısız olduğu taş levhalar) üzeri örtülür. Bağışlanma Kapağı şimdi tahta dönüşür:

"Onun için Tanrı'nın lütuf tahtına cesaretle yaklaşalım; öyle ki, yardım gereksindiğimizde merhamet görelim ve lütuf bulalım" (İbraniler 4:16).

Lütuf tahtına cesaretle yaklaşabiliriz, çünkü Tanrı Bağışlanma Kapağı'nın üzerinde oturur (Mesih'in çiğnenmiş yasayı örten kefaretinin üzerinde).

Sandığın üzerinde kapağın iki kenarında dövme altından yapılmış birer Keruv vardı. Bu göksel yaratıkların yüzleri birbirine dönüktü ve yukarı doğru açık kanatlarıyla kapağı örtüyorlardı. Burunları tam kapağın üzerinde birbirine değiyordu. Burada da yine aynı üç etkinliğin simgelerini görüyoruz: Tapınma, paydaşlık ve vahiy. Kapağın üzerine doğru kapanıp örten kanatlar tapınmadır. Birbirlerine bakan yüzleri paydaşlıktır. Tanrı, kanatların ve yüzlerin buluştuğu yerde yüceliğini göstereceğini söyledi:

"'Keruvlar yukarı doğru açık kanatlarıyla kapağı örtecek. Yüzleri birbirine dönük olacak ve kapağa bakacak. Kapağı sandığın üzerine,

sana vereceğim taş levhaları ise sandığın içine koy. Seninle orada, Levha Sandığı'nın üstündeki Keruvlar arasında, Bağışlanma Kapağı'nın üzerinde görüşeceğim ve İsrailliler için sana buyruklar vereceğim.'" (Mısırdan Çıkış 25:20-22).

Burada Mesih, Kral ve Kâhin olarak Kendi tahtında oturur. Sandığın içindeki yaşam, tahtın üzerindekinden daha önce gelmelidir. Size tahta çıkış yolunu açan, sandığın içinde saklı olan yaşamdır. Ebedi yasadan önce, tapınmanın veya boyun eğmenin içsel hayatı olmalıdır. Tanrı'nın yasasının önünde yere kapanıp teslim olmazsanız, daha ileriye gitmeye izin yoktur. Saklı mandan beslenmeyi öğrenmelisiniz. Tanrısal vahiyle doğaüstü bir şekilde filizlenen asaya sahip olmalısınız.

Sandığın içine girdiğimiz zaman, yukarıya Bağışlanma Kapağı'na doğru adım atabilir ve tahtın üzerinde oturabiliriz. İsa sizinle tahtını paylaşmak ister, ama bunun adım adım belirlenmiş bir yolu vardır. Bu adımların herhangi birini göz ardı edemezsiniz. En Kutsal Yer'e giden sadece tek bir yol vardır. Bu bir haritaya benzer; o kadar sade bir şekilde çizilmiştir ki, Tanrı bir kez gösterdiğinde on yaşında akıllı bir çocuk bile kolayca anlayabilir.

Burada benim, En Kutsal Yer'e girmenin "nihai ürünü" diye adlandırabileceğim bir şeye sahip oluruz. Bir yandan, Tanrı'yla en üst seviyede kurduğumuz ilişki ve O'ndan beslenme anlamında tapınma vardır. Diğer yandan, Tanrı'nın yetkisini gösterdiği vahiy vardır. Ve bir de, vicdanlarımızı mühürleyen Tanrı'nın ebedi doğruluk yasası vardır. Tapınmada kaydettiğimiz gelişmenin göstergesi budur. Yolculuğumuza Mesih'in ölümünü simgeleyen tunç sunağın bulunduğu dış avludan başlarız. Mesih'in dirilişini simgeleyen ilk perdeden geçip, Tanrı'ya irademizi, zihnimizi ve duygularımızı teslim ettiğimiz Kutsal Yer'e gireriz. Ve daha sonra Mesih'in göğe yükselişini simgeleyen ikinci perdeden geçirilip Tanrı'nın doğrudan huzuruna çıkartılırız.

Sonra tapınmaya başlarız. Tapınma aslında bir konuşma değildir; bir tutumdur. Övgü, her ne kadar tapınmayla birlikte sunulabilse de, öncelikli değildir. Tapınma yaklaşımınızla ilgili bir tutumdur. Tapınma, Buluşma Çadırı'ndaki taş levhalarla bağlantılıdır. Değişmeyen, eğrilip bükülmeyen, saptırılamayan Tanrı'nın doğruluk yasasına tam bir teslimiyettir. Tanrı'ya yaklaşırken duyulan tam bir saygı ve hayranlıktır.

Buluşma Çadırı'nda ilerlerken Tanrı'ya yaklaştıkça her alan giderek küçülmeye başlar. Sonunda, kendinizi En Kutsal Yer'de, harika bir kübik alanda bulursunuz (eni, boyu ve yüksekliği 4,5 metre olan bir küp). Orada Tanrı'dan başka sizin dikkatinizi çekecek bir şey bulunmazdı ve Tanrı özellikle böyle planlamıştı. İçimizde büyüyen bir şey bizi daha ileriye gitmekten alıkoyar. Birçoğumuz Tanrı'ya bir şeyler istemek için gideriz. Bereket isteriz, güç isteriz ya da şifa isteriz. Tanrı sadece Kendisi için O'na gitmemizi ister. Bu nedenle, Tanrı'yı yalnızca Tanrı olduğu için isteyene kadar o yere varamayız. Tanrı'ya, O Tanrı olduğu için yaklaşırız. Tapınırız, O'nun önünde yere kapanırız. O'ndan beslenriz; O'ndan zevk alırız. Ve sonra O bizi bilgilendirir (vahiy).

BÖLÜM 7

YENİ ANTLAŞMA'NIN
DÖRT KUTSAMASI

Eğer Buluşma Çadırı'na aşina değilseniz, İbrani-
lere Mektup kitabı size fazla bir şey ifade etmez.
Çünkü bütün mektup bu çadıra ve kâhinliğe
dayanır. Bazen Leviliiler kitabı, Eski Antlaş-
ma'nın İbraniler'i olarak anılır. Bazen de İbra-
nilere Mektup'a, Yeni Antlaşma'nın Leviliiler'i
denir. Her ikisinde de gerçek payı büyüktür.
İbraniler 10'da, öğrendiklerimizin açık bir uygu-
lamasını görürüz:

*"Bu nedenle, ey kardeşler, İsa'nın kanı
sayesinde perdede, yani kendi bedeninde bize
açtığı yeni ve diri yoldan kutsal yere girmeye
cesaretimiz vardır. Tanrı'nın evinden sorumlu
büyük bir kâhinimiz bulunmaktadır. Öyleyse
yüreklerimiz serpmeyle kötü vicdandan arınmış,
bedenlerimiz temiz suyla yıkanmış olarak, ima-*

*nın verdiği tam güvenceyle, yürekten bir içten-
likle Tanrı'ya yaklaşalım"* (İbraniler 10:19-22).

Bu ayetler Yeni Antlaşma'nın dört harika
kutsamasını ve gerçek bir tapınmanın dört ana
koşulunu anlatır. Bu bölümde, listelenen bu dört
kutsama üzerinde duracağım.

En Kutsal Yer Açıldı

Ne inanılmaz bir ayrıcalık! Her Şeye Gücü
Yeten Tanrı'nın huzuruna doğrudan girebilme
hakkına sahip olmamızı tarif edebilecek güçte
bir ifade şekli bulamıyorum. Bu hakkımızı eli-
mizden alan şey, günahkâr ve benliğe dayalı
doğamızdır. Ancak, Romalılar'da da belirtildiği
gibi bu sorun çözüme kavuşturuldu:

*"İnsan benliğinden ötürü güçsüz olan Kut-
sal Yasa'nın yapamadığını Tanrı yaptı. Öz Oğ-
lu'nu günahlı insan benzerliğinde günah sunusu
olarak gönderip günahı insan benliğinde yargı-
ladı"* (Romalılar 8:3).

Yasa bunu gerçekleştiremedi, ama yasada
bir sorun yoktu. Pavlus yasanın kutsal, eksiksiz
ve iyi olduğunu söyledi (Romalılar 7:12). Yasa-
daki her buyruk doğruydu. Şimdi bile bu taş

levhalara ve yasada diğer yazılanlara bakıp şunu diyebilirim: "Bunu yapabilirim." Ama içimde şunu diyen bir ses vardır: "Hayır, yapamayacaksın. Üstelik, yapmak için ne kadar çok uğraşırsan o kadar başarısız olacaksın." Pavlus bunu şöyle ifade etti:

"Ne yaptığımı anlamıyorum. Çünkü istediğimi yapmıyorum; nefret ettiğim ne ise, onu yapıyorum. Ama istemediğimi yaparsam, Yasa'nın iyi olduğunu kabul etmiş olurum. Öyleyse bunu artık ben değil, içimde yaşayan günah yapıyor... Bundan şu kuralı çıkarıyorum: Ben iyi olanı yapmak isterken, karşımda hep kötülük vardır" (Romalılar 7:15-17, 21).

Yasayı yerine getirmeye çalıştığım anda, dünyevi ve isyankâr doğam kendini hemen öne çıkartıyor ve daha iyi olmaya çalıştıkça daha kötü oluyorum. Bunu on beş yaşındayken Anglikan Kilisesi'ne kabul edilirken keşfettim. Uzun zamandır olduğumdan çok daha iyi biri olacağıma gerçekten karar vermiştim. Şöyle düşündüm: "Buraya kadar. Dişlerimi fırçalayacağım, komünyon-Rab'bin Sofrası (Rab'bin bedeni ve kanı) alacağım ve iyi biri olacağım." Kilise'de gerçekleşen kabul edilme ayininin hemen ardından, kendimi daha önce hissetmediğim kadar kötü hissettim.

Sorun kendine güvenmekte yatar. "RAB diyor ki, 'İnsana güvenen, insanın gücüne dayanan, yüreği RAB'den uzaklaşan kişi lanetlidir'" (Yeremya 17:5). "Yasa var ve bunu yerine getireceğim" dediğinizde güveni kendi üzerinize koyarsınız ve lanet altına girersiniz. *"Bu yasanın sözlerine uymayan ve onları onaylamayana lanet olsun!"* (Yasanın Tekrarı 27:26). Eğer yasa altındaysanız, tüm yasayı her zaman yerine getirmek zorundasınız. Bunu başaramazsanız, size hiçbir yararı olmaz. Yasayı tek bir noktada tek bir kere dahi çiğneseniz, sonsuza kadar suçlu kalacaksınız. Ya hep, ya hiç.

Yasayı iyi olarak algılarım. İçimde bir ses şöyle der: "Tamam; işte bu şekilde yaşamalıyım." *"İç varlığımda Tanrı'nın Yasası'ndan zevk alıyorum"* (Romalılar 7:22). Ama içimde başka bir şey daha var: Bir asi.

"Ama bedenimin üyelerinde bambaşka bir yasa görüyorum. Bu da aklımın onayladığı yasaya karşı savaşıyor ve beni bedenimin üyelerindeki günah yasasına tutsak ediyor" (Romalılar 7:23).

Tutsak kelimesi "savaş esiri" anlamına gelir. Pavlus şunu diyordu: "Tanrı için savaşmak amacıyla yola çıktım ve sonunda kendimi Tanrı'ya karşı savaşır halde buldum. Ben bir savaş esiriyim. Bunu kasten yapmıyorum; içimdeki bir şey beni tutsak ediyor. Buna engel olamıyorum."

"Ne zavallı insanım! Ölüme götüren bu bedenden beni kim kurtaracak?... Sonuç olarak ben aklımla Tanrı'nın Yasası'na, ama benliğimle günahın yasasına kulluk ediyorum" (Romalılar 7:24-25).

Bu yetersiz bir çeviridir. Daha iyisi şöyle olabilirdi: "Bana kalırsa, aklımla Tanrı'nın yasasına hizmet edebilirim, ama dünyevi doğamla günah yasasının esiriyim ve bunu değiştiremiyorum." Peki, bunun çaresi nedir?

"...Kutsal Yasa'nın yapamadığını..." (Romalılar 8:3).

Yasa doğamı değiştiremedi. Bana ne yapacağımı söyledi, ama bunu gerçekleştirebilmem için gerekli gücü bana vermedi.

"İnsan benliğinden ötürü güçsüz olan Kutsal Yasa'nın yapamadığını Tanrı yaptı. Öz Oğlu'nu günahlı insan benzerliğinde günah sunusu

olarak gönderip günahı insan benliğinde yargıladı" (Romalılar 8:3).

Günah kimin benliğinde yargılandı? İsa'nın benliğinde. Tanrı, İsa'nın bedeni üzerinde günahın icabına baktı. O'nun bedeni günah sunusu oldu. Günahın bir kez ve sonsuza kadar işinin bitirildiği yer O'nun bedenidir. Bunu takdir ettiğimizde, günahın bağlarından ve suçundan özgür oluruz.

İbraniler'e geri dönecek olursak:

"İsa'nın kanı sayesinde perdede, yani kendi bedeninde bize açtığı yeni ve diri yoldan kutsal yere girmeye cesaretimiz vardır" (İbraniler 10:20).

Dünyevi doğamız, İsa'nın bedeninde çarmıha gerilen perdedir. Tanrı'ya yaklaşmak için bu perde önümüzdeki engeldir; perdenin kaldırılması gerekir. Dünyevi doğamızın kaldırılması gerekir. Mesih'in bedeninde bu gerçekleşti. O'nun bedeni çarmıhta delik deşik edildiğinde, perde de delik deşik oldu.

Tapınak da aynı örnekle inşa edildi; Buluşma Çadırı'ndaki gibi üçlü bir yapısı vardı: Dış avlu, Kutsal Yer ve En Kutsal Yer. Tapınak

Buluşma Çadırı'na göre daha sağlam ve kalıcı bir yapıydı. Tanrısal düzene uygun olarak, En Kutsal Yer muhteşem, kalın ve delinmez bir perdeyle ayrılmıştı. Ama İsa Yeruşalim'in hemen hemen dışında çarmıhta öldüğü zaman, En Kutsal Yer'in perdesine o anda bir şey oldu:

"İsa, yüksek sesle bir kez daha bağırdı ve ruhunu teslim etti. O anda tapınaktaki perde yukarıdan aşağıya yırtılarak ikiye bölündü" (Matta 27:50-51).

Buna neden olan şeyin nereden geldiği hakkında şüphe yoktur. Tanrı'dan geldi, insandan değil. Perde yukarıdan aşağıya doğru yırtılarak açıldı. En Kutsal Yer'e giden yol, İsa'nın ölümü sayesinde açıldı. Çünkü Tanrı, O'nun çarmıhtaki bedeninde günahı yargıladı ve ortadan kaldırdı. Artık En Kutsal Yer bizim için açıktır.

İsa Mesih'te Cesur Olmak

Yeni Antlaşma'nın ikinci kutsaması için İbraniler 10'a bir kez daha başvuracağız:

"Bu nedenle, ey kardeşler, İsa'nın kanı sayesinde perdede, yani kendi bedeninde bize

açtığı yeni ve diri yoldan kutsal yere girmeye cesaretimiz vardır" (İbraniler 10:19-20).

Cesaret kelimesi öncelikle sübjektif değil, objektif bir kelimedir. Başka bir deyişle, duygusal cesaretimden bahsetmiyorum. Bahsettiğim şey, sahip olduğum şüphe götürmez ve kesin giriş hakkımdan kaynaklanan yasal cesaretimdir. Cesur hissedip hissetmemem ikinci planda gelir. Bunu anlamak çok önemlidir. *Cesaret* kelimesi bir parça yanıltıcı olabilir. Burada kastedilen daha çok, İsa'nın kanıyla edinilen sorgulanamaz giriş hakkıdır.

Levililer'de, başkâhinin En Kutsal Yer'e girmeye izni olduğu o belirlenmiş günle ilgili Eski Antlaşma ayinlerine rastlarız (yılda bir kez Günahları Bağışlatma Günü'nde). Yahudilerin günümüzde günahların örtüldüğü bu güne verdiği isim Yom Kippur'dur (Ortodoks Yahudiler için hala bir oruç ve yas günüdür). Levililer'de incelediğimiz bölümün tümü En Kutsal Yer'e girmenin gerçeğini harika bir şekilde gözler önüne serer, ama ben burada özellikle günah sunusunun kanıyla ilgilenmek istiyorum.

"Harun (Başkâhin) kendisi için günah sunusu olarak boğayı getirecek. Böylece kendisinin

ve ailesinin günahlarını bağışlatacak. Bu günah sunusunu kendisi için kesecek. RAB'bin huzurunda bulunan sunağın üzerindeki korları buhurdana koyup iki avuç dolusu ince öğütülmüş güzel kokulu buhurla perdenin arkasına geçecek" (Levililer 16:11-12).

Perdeden geçebilmek için sunaktaki kanla sunaktaki buhurun birleşmesi gerektiğine dikkatinizi çekerim.

"Orada, RAB'bin huzurunda buhuru korların üzerine koyacak; buhurun dumanı Levha Sandığı'nın üzerindeki Bağışlanma Kapağı'nı kaplayacak. Öyle ki, Harun ölmesin" (Levililer 16:13).

Bu, içi boş bir dini ayin değildi. Hem başkâhin hem de tüm ulus için ölüm kalım meselesiydi. Başkâhin içeriye kabul edilmediği zaman, tüm ulus Tanrı'nın huzurunda durma hakkını kaybediyordu. Başkâhin onların temsilcisiydi.

"Sonra boğanın kanını alıp parmağıyla kapağın üzerine, doğuya doğru serpecek. Kapağın önünde yedi kez bunu yineleyecek" (Levililer 16:14).

Yedi rakamı bunun Kutsal Ruh aracılığıyla gerçekleştiğini bize anlatır. Aynı şekilde İsa, *"sonsuz Ruh aracılığıyla kendini lekesiz olarak Tanrı'ya sundu"* (İbraniler 9:14). Kan, Bağışlanma Kapağı'nın önünde kapağın üzerine serpilirdi. Aslına bakılırsa, Buluşma Çadırı'nın içine doğru giden yolun her aşamasında kanla ilgili bir uygulama vardı. Kan olmadan, giriş izni yoktur.

Bunun benzerini Yeni Antlaşma'da görürüz. İsa'nın kefareti yeryüzüyle sınırlı kalmadı; göklerde tamamlandı. İbraniler'de bu açıkça belirtilir:

"Canlarımız için gemi demiri gibi sağlam ve güvenilir olan bu umut, perdenin arkasındaki iç bölmeye geçer. Melkisedek düzeni uyarınca sonsuza dek başkâhin olan İsa oraya uğrumuza öncü olarak girdi" (İbraniler 6:19-20).

Burada dünyadaki değil, cennetteki Buluşma Çadırı'ndan bahsediyoruz. İsa perdeden geçti. Öncü temsilcidir ve şunu söyler: "Peşimden başkaları da geliyor. Bundan sonra bu yol beni takip etmeleri için onlara açıktır." İsa öncümüzdür. O perdeden içeriye girdi.

İbraniler'de daha sonra şöyle bir ayete rastlarız:

"Ama Mesih, gelecek iyi şeylerin başkâhini olarak ortaya çıktı..." (İbraniler 9:11).

Daha iyi bir tercümeyle: "Gerçekten tamamlanmış olan iyi şeylerin..." Başka bir deyişle, içinde simgeler, gölgeler, vaatler ve örnekler barındıran yasanın aksine, bu kez somut olarak gerçekleşti.

"Ama Mesih, gelecek iyi şeylerin başkâhini olarak ortaya çıktı. İnsan eliyle yapılmamış, yani bu yaratılıştan olmayan daha büyük, daha yetkin çadırdan geçti. Tekelerle danaların kanıyla değil, sonsuz kurtuluşu sağlayarak kendi kanıyla kutsal yere ilk ve son kez girdi" (İbraniler 9:11-12).

İsa En Kutsal Yer'e Kendi kanıyla girdi.

"Böylelikle aslı göklerde olan örneklerin bu kurbanlarla, ama gökteki asıllarının bunlardan daha iyi kurbanlarla temiz kılınması gerekti" (İbraniler 9:23).

Göktekilerin arındırılması gerekiyordu, ama tekelerin ve danaların kanıyla değil.

"Çünkü Mesih, asıl kutsal yerin örneği olup insan eliyle yapılan kutsal yere değil, ama şimdi bizim için Tanrı'nın önünde görünmek üzere asıl göğe girdi" (İbraniler 9:24).

Mesih En Kutsal Yer'e nasıl girdi? Kendi kanıyla. İbraniler'in on ikinci bölümünde bu durum daha da netleşir:

"Oysa sizler Siyon Dağı'na, yaşayan Tanrı'nın kenti olan göksel Yeruşalim'e..." (İbraniler 12:22).

Bu, yeryüzündeki Yeruşalim değildir. Oraya fiziksel olarak değil ruhsal olarak ulaştık.

"...bir bayram şenliği içindeki on binlerce meleğe, adları göklerde yazılmış ilk doğanların topluluğuna yaklaştınız" (İbraniler 12:22-23).

Benden ve sizden bahsediliyor. Karargâhımız göklerdedir. Göklerde Kuzu'nun Yaşam Kitabı'nda mı kayıtlısınız, yoksa sadece kilisenin kontenjanından mı kayıtlısınız? Kilisenin kontenjanında olmak iyidir, ama yeterli değildir.

"...yeni antlaşmanın aracısı olan İsa'ya ve Habil'in kanından daha üstün bir anlam taşıyan serpmelik kana yaklaştınız" (İbraniler 12:24).

Habil'in kanı yeryüzüne serpildi. Onun kanı topraktan nasıl sesleniyordu? *İntikam* diye sesleniyordu. İsa'nın kanı göklere serpilmiştir. Nasıl seslenir? *Merhamet* diye. Eğer, İsa'nın kanının Tanrı'nın huzurunda daima sizin yararınıza konuştuğuna iman edebilirseniz, bu muazzam bir gerçektir. İsa'nın kanı olmasaydı, asla göklere ulaşamazdınız, Yargıç olan Tanrı, sizi asla oraya götürmezdi. Tek giriş yolu budur: Göklere serpilmiş olan İsa'nın kanı.

Yeni ve Diri Yol

Yeni Antlaşma'nın üçüncü büyük kutsaması yeni ve diri yoldur (İsa). İsa Yol olur; Gerçek olur; Yaşam olur; ama O ulaşılabilecek en uç noktaya götüren yoldur. İsa'nın kat ettiği yol bizim gideceğimiz yoldur; başka yol yoktur. Bu yol kendini inkâr, itaat, fedakârlık ve ölüm yoludur. Yeni ve diri yol budur.

"Nitekim bunun için çağrıldınız. Mesih, izinden gidesiniz diye uğrunuza acı çekerek size örnek oldu" (1. Petrus 2:21).

İsa'nın adımları yeni ve diri yoldur. İsa'yı takip etmeye karar verdiğinizde atılacak ilk adım nedir?

"Sonra İsa, öğrencilerine şunları söyledi: 'Ardımdan gelmek isteyen kendini inkâr etsin, çarmıhını yüklenip beni izlesin'" (Matta 16:24).

Kendini inkâr etmek. Bu sadece oruç zamanı bir şeylerden vazgeçmek anlamına gelmez. O da iyidir ama kendini inkâr etmek değildir. Kendini inkâr etmek benliğe hayır demektir. Kendini inkâr etme yeteneği, benlik "istiyorum" dediğinde "hayır" diyebilmektir. Benlik "şöyle düşünüyorum" dediğinde "hayır" diyebilmektir. Ne düşündüğünüzün zerre kadar önemi yoktur. Ama eğer varsa, kendinizi inkâr etmemişsiniz demektir. Kendinizi inkâr etmek, içinizdeki o eski inatçı keçiye hayır diyebilmektir.

Benzer şekilde, kendini inkâr etmek iğrenç günahlar işlemeyi bırakmak da değildir. Buna da ihtiyaç vardır, ama kendini inkâr etmek, kendini öne çıkaran ve önemseyen, dünyanın kendi etrafında dönmesini arzulayan "ben"i, yani benim istediğim, benim düşündüğüm, benim hissettiğim diyen benliği inkâr etmektir. Benliğin tüm bu yersiz istekleri Tanrı'nın ilgi alanı dışındadır.

İsa'yı gerçekten takip etmenin ilk adımı tüm bunlara hayır demektir. Biri eğer çarmıhını yüklenecekse, kendini inkâr etsin. Matta 26'da kendini inkâr etmenin en uç noktasını görürüz:

"Biraz ilerledi, yüzüstü yere kapanıp dua etmeye başladı. 'Baba' dedi, 'Mümkünse bu kâse benden uzaklaştırılsın. Yine de benim değil, senin istediğin olsun.'... İsa ikinci kez uzaklaşıp dua etti. 'Baba' dedi, 'Eğer ben içmeden bu kâsenin uzaklaştırılması mümkün değilse, senin istediğin olsun'" (Matta 26:39,42).

Tanrı'daki her eylem "benim değil senin istediğin olsun" diye yinelemekle başlar. İsa kendi isteğini sadece bir kereliğine reddetmedi. Kendi isteğinin ve Baba'nın isteğinin seçenek olarak karşısına çıktığı her bir durumda reddedişini tekrarladı: "Benim değil, Senin istediğin olsun." Yeni ve diri yol budur.

Bunun harika yanı, yüreğinizi Tanrı'yı takip etmek üzere hazırlamışsanız sevinçle coşmanızdır. Kulağa zor gelse bile, neşeyle dolarsınız. Ama yüreğiniz Tanrı'yı takip etmeye hazır değilse, tüm göreceğiniz şey memnuniyetsizliktir.

"Birçok oğulu yüceliğe eriştirirken onların kurtuluş öncüsünü acılarla yetkinliğe erdirmesi, her şeyi kendisi için ve kendi aracılığıyla var

eden Tanrı'ya uygun düşüyordu" (İbraniler 2:10).

İsa çektiği acılarla mükemmelleşti. O bizim öncümüzdür. Biz de aynı yolla mükemmelleşiriz (itaatten kaynaklanan acılarla). *"Benim değil, senin istediğin olsun"* (Matta 26:39) demekten kaynaklanan acılarla mükemmelleşiriz. İtaatsizlikten kaynaklanan acılar sizi yetkinliğe erdirmez. Bu tarz acılar sizi saflaştırmaz, ayrıştırmaz veya mükemmelleştirmez.

"Çünkü hepsi -kutsal kılan da kutsal kılınanlar da- aynı Baba'dandır. Bunun içindir ki, İsa onlara 'kardeşlerim' demekten utanmıyor" (İbraniler 2:11).

"Kutsal kılan" İsa'dır. *"Kutsal kılınanlar"* sizler ve benim. Hepimizin (İsa, sizler, ben) geldiği *"kişi"* ise Baba'dır. Yani, İsa'nın mükemmel kılındığı aynı yöntemle hepimiz Baba tarafından kutsal kılındık. Arınmaya, kutsallığa ve mükemmelliğe götüren yol İsa'nın yoludur. Başka yol yoktur.

"Mesih, yeryüzünde olduğu günlerde kendisini ölümden kurtaracak güçte olan Tanrı'ya

büyük feryat ve gözyaşlarıyla dua etti, yakardı ve Tanrı korkusu nedeniyle işitildi" (İbraniler 5:7).

Kutsal Kitap'ın İngilizce *New English Bible* çevirisinde şöyle der: *"Alçakgönüllü teslimiyeti yüzünden işitildi."* Duası Tanrı korkusu nedeniyle işitildi. Tanrı'yla ilişki yolunun ruhu bundan ibarettir. İsa mükemmel örnektir. Dualarımızın neden cevaplanmadığının kökündeki neden budur. Bununla ilgili yarım düzine daha neden sayabilirim, ancak Tanrı bana bunun kökteki neden olduğunu gösterdi. İnsanlara dualarının cevaplanmasıyla ilgili bütün ilkeleri öğretebilirsiniz, ama tavırları yanlışsa ilkeler işe yaramayacaktır. Öncelikli olan takınılan tavırdır. İsa, alçakgönüllü teslimiyet tavrı yüzünden işitildi.

"Oğul olduğu halde, çektiği acılarla söz dinlemeyi öğrendi" (İbraniler 5:8).

İtaat etmeyi, itaatin sonucunda çektiği acılardan öğrendi.

"Yetkin kılınınca, sözünü dinleyen herkes için sonsuz kurtuluş kaynağı oldu" (İbraniler 5:9).

Yeni ve diri yol, İsa'nın gittiği yoldur.

İsa Tanrı'ydı, Tanrı'dır ve daima Tanrı ola-
caktır. Ve sonunda İsa sonsuza dek insan oldu.
Unutmayın, O hala insandır:

*"Çünkü tek Tanrı ve Tanrı'yla insanlar
arasında tek aracı vardır. O da insan olan ve
kendisini herkes için fidye olarak sunmuş bulu-
nan Mesih İsa'dır"* (1. Timoteos 2:5).

İsa tanrılığından soyunduğunda, bunu şartlı
olarak yapmadı; gerçekten tanrılığını bir yana
bıraktı. Ölüme bile itaat etti ve Filipililer 2:9'da
dediği gibi: *"Bunun için de Tanrı O'nu pek çok
yükseltti ve O'na her adın üstünde olan adı
bağışladı."* Tanrılığını bir yana bırakarak, terk
ettiği yüksekteki yerine Kendisini götürecek
yolu tekrar hak etmesi gerekti. Ayetteki *"Bunun
için"* ifadesi, İsa'nın yükseltilmesinin itaatinin
sonucunda olduğunu gösterir. İtaat etmemiş
olsaydı, yüksekteki yerini asla geri alamayacaktı.
İsa, gelişimin, olgunluğun ve yetkinliğin mü-
kemmel örneğidir. İnsan olarak itaat ederek yet-
kinliğe erişmesi gerekiyordu. Öyleyse bizler
nasıl yetkinliğe erişeceğiz? İtaat yoluyla (ilahi-
yatı bir kenara bırakın ve sadece itaat edin).

Harika Bir Başkâhinimiz Var

Buraya kadar elimizde ne var? En Kutsal Yer bize açıldı. Kan sayesinde oraya yasal giriş hakkımız var. Ve bu girişi bize sağlayan yeni ve diri bir yolumuz var. Artık harika Başkâhinimiz orada bizi bekliyor. Kimdir O? İsa. O iki açıdan Başkâhindir.

"Göklerde, Yüce Olan'ın tahtının sağında oturan, kutsal yerde, insanın değil, Rab'bin kurduğu asıl tapınma çadırında görev yapan böyle bir başkâhinimiz vardır" (İbraniler 8:1-2).

İlk olarak, O tapınağın yöneticisidir. İsrail'de başkâhinin bilmesi geren şeyler konusu hiç aklınıza takıldı mı? Gözetmesi gereken birçok kural vardı. Hayvanları nasıl öldürmesi gerektiğini, karaciğeriyle, kalbiyle, ayaklarıyla ve derisiyle ne yapılması gerektiğini bilmeliydi. Kanı sunağın hangi tarafına serpmesi gerektiğini bilmek zorundaydı. Tapınaktaki yol boyunca tamamlaması gereken birçok kati kural vardı. İsa gerçek tapınağın yöneticisidir. İsa tapınaktan içeri girdiği zaman, her şeyi doğru yaptı. Yol boyunca, bir kâhin olarak Tanrı'nın bütün şartlarını yerine getirdi. Her şeyi doğru yaptığından, bizim oraya girişimizi de teminat altına aldı.

İkinci olarak, İsa Yeni Antlaşma'nın aracısıdır.

"Bu nedenle, ... Mesih yeni antlaşmanın aracısı oldu" (İbraniler 9:15).

İsa, çarmıhın üzerinde kurban oluşunun tüm getirilerini Kutsal Ruh vasıtasıyla size ve bana aktarır. Girişin her evresinde ne istendiğini bize gösterir (bu yolu takip ederken içimizde sorun çözer). Antlaşmanın sizde ve bende işlemesini sağlayan kişi O'dur.

Tüm altyapıyı hazırlayarak, Tanrı'ya giderek, geri döner ve O'na itaat eden herkesin içinde girişimizi yetkinliğe eriştirecek her şeyi yapar. Antlaşmaya aracılık eder.

Böylece, Yeni Antlaşma'nın dört kutsamasına sahip oluruz. İlki, perde yırtılır ve yol açılır. İkincisi, O'nun kanı sayesinde En Kutsal Yer'e sorgulanamaz ve yasal bir giriş hakkımız olur. Üçüncüsü, içinde ilerleyebileceğimiz diri bir yolumuz olur; İsa'nın gittiği yol: İtaat, kendini inkâr etme, fedakârlık ve eski insanın ölmesi. İsa yaşamını kaybeden herkesin onu bulacağını söyledi (Matta 10:39). Burada *yaşam* yerine kullanılan Grekçe kelime "can" dır. Cana dayalı benliği bir kenara bırakıp ona "hayır" demelisiniz.

Ve dördüncüsü, yapılması gereken her şeyi en ince ayrıntısına kadar bilen ve mükemmel şekilde uygulayan harika bir Başkâhinimiz vardır.

BÖLÜM 8

İÇTENLİKLE TAPINMANIN DÖRT KOŞULU

İbraniler kitabına dönersek, içtenlikle tapınmanın dört koşulunu görürüz (Tanrı'nın kendisine tapınanlardan, onlara sağladığı olanaklardan faydalandıklarında beklediği şeyler).

"Öyleyse yüreklerimiz serpmeyle kötü vicdandan arınmış, bedenlerimiz temiz suyla yıkanmış olarak, imanın verdiği tam güvenceyle, yürekten bir içtenlikle Tanrı'ya yaklaşalım" (İbraniler 10:22).

1. İçten Bir Yürek

"İçten yürek" ne anlama gelir? Kendi fikrimi söyleyeyim. Samimiyet, dürüstlük, tam bir adanmışlık, şartsız yönelme (içten bir yürek budur).

Eğer eşimi içten bir yürekle seviyorsam, onu bütünüyle seviyorum demektir. Ona sadakatsizlik anlamına gelebilecek hiçbir durumun içinde olmayacağım demektir. *Sadakat*, sanırım sözlüğümüzde eski anlamına kavuşturmamız gereken bir kelimedir. Sadakat günümüzde bazı insanlar arasında modası geçmiş bir sözcüktür. Aileye sadakat, ülkeye sadakat vs.

Tüm öğrenciler bir tarafa kaçışmışken, öğrenci Yuhanna'yı Meryem'in yanıbaşında çarmıhın dibinde tutan şey neydi? İlahiyat mıydı? O an için değil. Bunu sağlayan şey sadakatti. Mecdelli Meryem'i sabahın köründe İsa'nın mezarına götüren şey neydi? Öğreti mi? Hayır, sadakatti. Geriye parçalanmış bir cesetten başka hiç bir şeyi kalmamış olan o adama sadık kalmaya devam edecekti. Günümüzde imanlılar arasında böyle bir sadakate pek rastlanmıyor. İsa'ya ve birbirimize sadık olmalıyız. İçten bir yürek budur.

"Madem sen gönülde sadakat istiyorsun,
Bilgelik öğret bana yüreğimin derinliklerinde.
Beni mercanköşk otuyla arıt, paklanayım,
Yıka beni, kardan beyaz olayım.

Neşe, sevinç sesini duyur bana,
Bayram etsin ezdiğin kemikler.
Bakma günahlarıma,
Sil bütün suçlarımı.
Ey Tanrı, temiz bir yürek yarat,
Yeniden kararlı bir ruh var et içimde"
(Mezmur 51:6-10).

Madem sözü dramatiktir. Davut uzun zamandır dindar bir kişiydi, ama şimdi yeni bir şey keşfetmişti: *"...Sen gönülde sadakat istiyorsun, bilgelik öğret bana yüreğimin derinliklerinde."* Gerçeğin ve bilgeliğin beraber gittiğine inanırım. Derinliklerdeki gerçeğe sahip olmadan saklı bilgeliği bilemezsiniz. Saklı bilgeliğin açılması akıl yoluyla değil, samimi, içten ve dürüst bir kalple olur.

Günah yüreğinizde bir yol açtığı zaman, o gedik yamayla kapatılamaz, tamir edilemez ya da yenilenemez. Çare Tanrı'nın size yeni bir yürek vereceği yaratıcı eylemindedir. Mezmur 139'da Davut Tanrı'nın düşmanları hakkında şöyle diyordu:

"Ya RAB, nasıl tiksinmem senden tiksinen-lerden? Nasıl iğrenmem sana başkaldıranlar-

dan? Onlardan tümüyle nefret ediyor, onları düşman sayıyorum" (Mezmur 139:21-22).

Bir Hristiyanın bunu demeye hakkı var mıdır? Bazıları evet diyebilir, bazıları ise hayır. Davut farklı bir kaynağa gitti:

"Ey Tanrı, yokla beni, tanı yüreğimi, sına beni, öğren kaygılarımı" (Mezmur 139:23).

Davut Tanrı'dan şunu istiyordu: "İçimde Tanrı'ya düşman olan bir şey var mı? İçimde Sana karşı çıkan bir şey varsa araştır." Tanrı'yı bunu yapması için davet edebilir misiniz? Korkmayın. İnsanlara günahlarını itiraf edecekleri zaman şunu söylerim: Tanrı'ya O'nun bilmediği bir şey itiraf etmeyeceğinizi unutmayın. O'na sürpriz olmayacak. Günahlarınızı itiraf etmek sizin iyiliğiniz için, O'nun değil.

"Bak, seni gücendiren bir yönüm var mı? Öncülük et bana sonsuz yaşam yolunda!" (Mezmur 139:24)

Tanrı'nın bize sonsuz yaşam yolunda öncülük edebilmesi için, yüreklerimizi yoklayıp tanımasına izin vermeliyiz (orada gizlenmiş Tanrı'nın düşmanlarının kökünü kazıması için). Bırakın Tanrı yüreğinizdekileri size göstersin ve

127

sonra bunlarla ilgilenmesi için O'na izin verin. Kendinizi O'na açın.

Yeşaya'da şöyle der:

"Rab diyor ki, 'Bu halk bana yaklaşıp Ağız-larıyla, dudaklarıyla beni sayar, ama yürekleri benden uzak. Benden korkmaları da insanlardan öğrendikleri buyrukların sonucudur'" (Yeşaya 29:13).

İçinde kalp barındırmayan dinsellik budur. Tanrı'yı dudaklarıyla onurlandırır, ama yüreği O'ndan uzaktır. Dindar insanların büyük günahı, İsa'nın Ferisiler'de en sert biçimde üzerine gitti-ği günahtır: İkiyüzlülük. İkiyüzlülüğün ne oldu-ğunu bilir misiniz? Grekçe bu kelime için kulla-nılan sözcük *aktör* kelimesi için kullanılanla aynıdır. Dindarlık basit şekliyle bir eylemi sah-nelemektir. Antik tiyatro eserlerinde çeşitli mas-kelerden yararlanılırdı. Oyunun değişik bölüm-lerinde rolü olan bir aktör her bölüm için değişik bir maske takardı. Boş dindarlık sadece maske seçimi yapar (kilisedeyken bazı insanların takın-dığı tavırlar). Kilisede birçok dindar insanın konuşurken ses tonlarının bile değiştiğini fark edebilirsiniz. Dua ettikleri zaman suni ve taklitçi bir ses tonu takınırlar.

Ve Tanrı, ikiyüzlülerden gerçeği görme yeteneğini kaldırdığını söyler:

"Onun için ben de bu halkın arasında yine bir harika, evet, şaşılacak bir şey yapacağım. Bilgelerin bilgeliği yok olacak, akıllının aklı duracak" (Yeşaya 29:14).

Tanrı ikiyüzlülükle ya da dindarlık maskesiyle değil, içten bir yürekle tapınanları ister. Samimi, sadık ve içten yürekler ister. İmanın itaat olarak tanımlanması gerektiği söylenir. Benim önerim ise, imanı sadakatle tanımlamaktır (ne pahasına olursa olsun Mesih'e sadakat). Sanırım sonuçta ikisinin de aynı yere vardıklarını göreceksiniz.

2. İmanla Dolu Olmak

İçtenlikle tapınmanın ilk koşulu içten bir yürektir. Bir başka koşul ise imanla dopdolu olmaktır. İman doluluğunuz var mı? Bu bir çaba mıdır yoksa bir savaş mı? Kendinizi çimdikleyip "İmanla dolu muyum?" mu diyeceksiniz. Hayır, iman etmek bir karardır. İmansızlık bu yüzden en başta gelen günahtır. İmanla dopdolu olmak ne demektir? Mezmurlar'a bir göz atalım:

"Koyduğun koşulların hepsini doğru bulu-yorum, her yanlış yoldan tiksiniyorum" (Mezmur 119:128).

Tanrı'nın her dediği doğrudur. O'nunla aynı fikirde olmayan her şey yanlış yoldur. Bunun duygularla ilgisi yoktur, bir karar meselesidir. Tanrı'nın söyledikleriyle hemfikir olmayı seçerim. Yeni Antlaşma öğretisi hakkında hiçbir şey bilmezken, bir askeri koğuşta Kutsal Ruh'ta vaftiz olup kurtarıldığımda bir gerçeğe sıkı sıkıya sarıldım: Cevapların olduğu kitap Kutsal Kitap'tı. Bana ne olduğunu bu Kitap anlatacaktı.

Entelektüel tartışmaların temelinde karar verme isteksizliği yatar. İnanmak için tüm Kutsal Kitap'ı anlayana kadar beklerseniz, çok uzun bir süre beklemek zorunda kalırsınız. İsa Mesih'i kabul etmek için O'nun hakkındaki her şeyi bilmek için beklerseniz, çok uzun bir süre beklemek zorunda kalırsınız. İman etmek, Mesih'le ve Kutsal Kitap'la ilişkiye geçmek için verilen bir karardır. Tanrı'ya şükür, bu kararı verdim. Zihnim dingin. Mükemmel bir iç huzurum var.

"Tanrı bilgisine karşı diklenen her engeli yıkıyor, her düşünceyi tutsak edip Mesih'e bağımlı kılıyoruz" (2. Korintliler 10:5).

Bu ayetin anlattığı şeyi yapabilirsiniz. İçinizde bir yerde, Tanrı'yla çatışmak için eğitilen bir düşünce vardır. Doğası gereği Tanrı'ya karşıdır. *"Çünkü benliğe dayanan düşünce Tanrı'ya düşmandır; Tanrı'nın Yasası'na boyun eğmez, eğemez de..."* (Romalılar 8:7). Bu düşmanı baskı altına almak ve ona konuşma özgürlüğünü vermemek sizin sorumluluğunuzdur.

"Yalnız hiç kuşku duymadan, imanla istesin. Çünkü kuşku duyan kişi rüzgârın sürükleyip savurduğu deniz dalgasına benzer. Her bakımdan değişken, kararsız olan kişi Rab'den bir şey alacağını ummasın" (Yakup 1:6-8).

Değişken ve kararsız kişi Tanrı'yla hiçbir yere gidemez. Tanrı'nın söylediklerinin doğru olduğu konusundaki kararınızı şu andan itibaren verin. İman doluluğu budur.

Ancak buna ek olarak Rab'bin bana verdiği bir uyarıyı size aktarayım:

"İşte bu nedenle Tanrı yalana kanmaları için onların üzerine yanıltıcı bir güç gönderiyor. Öyle ki, gerçeğe inanmayan ve kötülükten hoşlananların hepsi yargılansın" (2. Selanikliler 2:11-12).

Bu ayeti ilk kez okuyorsanız nefesiniz kesilebilir. Aslında çok açıktır. Gerçeğe inanmıyorsanız, yalana inanacaksınız. Havva'nın seçimi de buydu. Tanrı ona gerçeği söyledi; Şeytan bir yalan söyledi. İki seçeneği vardı. Yalanı seçti (imansızlık budur). İmansızlık nedir? Yalana inanmaktır. Hiçbir şeye inanmamak değildir; herkes bir şeye inanır. Karar verilmesi gereken şey hep aynıdır: Tanrı'ya mı inanacağım, yoksa Şeytan'a mı inanacağım? Tanrı şöyle der: Eğer gerçeğe inanmıyorsanız, yalana inandığınız sonucuna varırım.

Bu sorunla boşuna boğuşup zaman kaybetmeyin. Size uyan kadarına inanıp gerisini bir kenara atmayın. Eksik itaat itaatsizliktir. Eksik inanç inançsızlıktır. Gerçeği kabul edebilirsiniz ya da yanılgıya düşersiniz. Yaşadığımız bu çağda Tanrı'nın halkına sağladığı iki seçenek bunlardır.

3. Kötü Vicdandan Arınmış Yürekler

İçten tapınmanın bir diğer koşulu kötü vicdandan arınmış bir yürektir.

"Böylece şimdi O'nun kanıyla aklandığımıza göre, O'nun aracılığıyla Tanrı'nın gazabın-

dan kurtulacağımız çok daha kesindir" (Romalılar 5:9).

Romalılara Mektup bize İsa'nın kanıyla aklandığımızı söyler. Vicdanlarımız artık günahtan dolayı suçluluk duymaz.

"Böylece Mesih İsa'ya ait olanlara artık hiçbir mahkûmiyet yoktur" (Romalılar 8:1).

"Ama günahlarımızı itiraf edersek, güvenilir ve adil olan Tanrı günahlarımızı bağışlayıp bizi her kötülükten arındıracaktır" (1. Yuhanna 1:9).

"Sevgili kardeşlerim, yüreğimiz bizi suçlamazsa, Tanrı'nın önünde cesaretimiz olur" (1. Yuhanna 3:21).

Diğer taraftan, bir şekilde yüreğim beni mahkûm ederse, Tanrı'yla ilişkim kesilir.

"Yüreğimde kötülüğe yer verseydim, Rab beni dinlemezdi" (Mezmur 66:18).

Bir iman kürsüsü kurmalısınız: "Tüm günahlarım bağışlandı. Hepsini itiraf ettim. İsa Mesih'in kanı her yanlışlıktan temizliyor. Aklandım (sanki hiç günah işlememiş gibi oldum)." Buna inanıyor musunuz? Ben inanıyorum. Dinsel kuşkularımın düşüncelerime sızmasına izin vermiyorum. Tanrı'nın sadık ve adil olduğuna inanıyorum. O'nun tüm günahlarımı bağışladığına ve beni tüm pisliklerden temizlediğine inanıyorum. O'nun huzurunda sinmeme gerek yok. Sızlanmaya ihtiyacım yok. Başım dik bir şekilde yürüyebilirim. *"Ben sizi ... başı dik yaşattım"* (Levililer 26:13). İbraniler bundan daha iyisini söyler:

"Onların günahlarını ve suçlarını artık anmayacağım" (İbraniler 10:17).

Tanrı'nın hafızası asla zayıf değildir; ama O bir unutma ustasıdır! Arada büyük fark vardır. Tanrı unutmamaya karar verdiği her şeyi hatırlar. Ama bir şeyi unutmaya karar vermişse, onu bir daha asla hatırlamaz.

4. Saf Suyla Yıkanmış Bedenler

Bedeninizin durumunun Tanrı'yla ilişkinizi etkilediğini bilir miydiniz?

"Öyleyse yüreklerimiz serpmeyle kötü vicdandan arınmış, bedenlerimiz temiz suyla yıkanmış olarak, imanın verdiği tam güvenceyle, yürekten bir içtenlikle Tanrı'ya yaklaşalım" (İbraniler 10:22).

Bedeninizin saf suyla yıkanması ne anlama gelir? Saf su nedir? Saf su Tanrı'nın Sözü'dür. Tanrı'nın Söz'ü bizi nasıl arındırır?

"Gerçeğe uymakla kendinizi arıttınız, kardeşler için içten bir sevgiye sahip oldunuz. Onun için birbirinizi candan, yürekten sevin" (1. Petrus 1:22).

Tanrı'nın Söz'ü bizi Ruh vasıtasıyla arındırır. Ruh'la uygulanan ve itaat edilen Söz sizi arındırır.

"Mesih'te bu umuda sahip olan, Mesih pak olduğu gibi kendini pak kılar" (1. Yuhanna 3:3).

Ruh vasıtasıyla size uygulanan söze itaat edin ve kendinizi arındırın. Paklığımızın derecesi ne olmalıdır? Mesih kadar. Tanrı'nın yalnızca tek ölçüsü vardır: İsa.

"Tanrı'nın isteği şudur: Kutsal olmanız, fuhuştan kaçınmanız, her birinizin, Tanrı'yı tanımayan uluslar gibi şehvet tutkusuyla değil, kutsallık ve saygınlıkla kendine bir eş alması" (1. Selanikliler 4:3-4).

Eşiniz bedeninizdir ve Kutsal Kitap'a göre Tanrı'nın isteği o bedeni pak tutmayı (kutsallık ve saygınlıkla) bilmeniz gerektiğidir.

"Esenlik kaynağı olan Tanrı'nın kendisi sizi tümüyle kutsal kılsın. Ruhunuz, canınız ve bedeniniz Rabbimiz İsa Mesih'in gelişinde eksiksiz ve kusursuz olmak üzere korunsun" (1. Selanikliler 5:23).

Ayet bedeninizin Rab'bin gelişine kadar kusursuz olarak korunması gerektiğini söylüyor. Tam kutsallık budur. Herhangi bir şekilde bedeniniz kusursuz olarak korunmamışsa, bu tam bir kutsallık değildir. Tanrı'nın isteği bu bedene kutsallık ve saygınlıkla sahip olmayı bilmenizdir.

1. Korintliler'deki ana konu bedenin önemidir. Pek çok Hristiyan bedenin gerçekten önemli olmadığı tavrıyla büyümüştür. Kutsal Kitap böyle söylemez. Lütfen şunu aklınızdan çıkarmayın: Bedeninizi küçümsemek Kutsal Kitap'a uygun bir tavır değildir.

" 'Bana her şey serbest' diyorsunuz, ama her şey yararlı değildir. 'Bana her şey serbest' diyorsunuz, ama hiçbir şeyin tutsağı olmayacağım" (1. Korintliler 6:12).

Üç tane bol soslu dondurmayı ardı ardına yiyebilirim, ama bunun bana yarardan çok zararı dokunur. Dondurma, sigara ve kahve bana hükmetmemelidir. Lester Sumrall bir keresinde şöyle demişti: "Uyanıp da bir fincan kahve içmeden hiçbir şey yapamayacağımı hissettiğim sabah, o kahveyi içmeyeceğim sabahtır." Bu oldukça iyi bir karar. Herhangi bir şeye bağımlı hale geldiğinizde onun kölesi olursunuz.

"'Yemek mide için, mide de yemek içindir' diyorsunuz, ama Tanrı hem mideyi hem de yemeği ortadan kaldıracaktır" (1. Korintliler 6:13).

Yemek mide için ve mide de yemek içindir. Ama ikisi de kalıcı değildir. Onlara sahipken tadını çıkarın, nasılsa uzun sürmeyecek.

"Beden fuhuş için değil, Rab içindir. Rab de beden içindir" (1. Korintliler 6:13).

Hristiyanların büyük bir çoğunluğu bu ayetin ilk kısmına "amin" der. Ama bedeninizin Rab için, Rab'bin de bedeniniz için olması ne anlama gelir?

"Rab'bi dirilten Tanrı, kudretiyle bizi de diriltecek. Bedenlerinizin Mesih'in üyeleri olduğunu bilmiyor musunuz?" (1. Korintliler 6:14-15).

Mesih'in yeryüzündeki üyeleri bizim bedenlerimizdir. Onlar Rab'bin birlikte çalışacağı üyelerdir.

"Mesih'in üyelerini alıp bir fahişenin üyeleri mi yapayım? Asla! Yoksa fahişeyle birleşenin, onunla tek beden olduğunu bilmiyor musunuz? Çünkü 'İkisi tek beden olacak' deniyor. Rab'le birleşen kişiyse O'nunla tek ruh olur" (1. Korintliler 6:15-17).

Önceki bölümlerde, insanın ruhunun Tanrı'nın ruhu'yla tapınma yoluyla birleştiğinden bahsetmiştik. Burada da bir kez daha, bir fahişeyle ilişkiye girmekle Rab'le ruhsal ilişkiye girmek arasında doğrudan bir paralellik görüyoruz. Rab'le sevgi ilişkisinde birleşen kişi, O'nunla tek ruh olur.

"Fuhuştan kaçının. İnsanın işlediği bütün öbür günahlar bedenin dışındadır; ama fuhuş yapan, kendi bedenine karşı günah işler. Bedeninizin, Tanrı'dan aldığınız ve içinizdeki Kutsal Ruh'un tapınağı olduğunu bilmiyor musunuz? Kendinize ait değilsiniz. Bir bedel karşılığı satın alındınız; onun için Tanrı'yı bedeninizde yüceltin" (1. Korintliler 6:18-20).

Cinsel günahlar bedeni kirletir. Kendinize ait değilsiniz ve buna bedeniniz de dahildir. Mülkiyetiniz Tanrı'ya aittir. Bedeninizin ana amacı, Kutsal Ruh için bir tapınak olarak hizmet vermektir. *"Ne var ki, en yüce Olan, elle yapıl-mış konutlarda oturmaz"* (Elçilerin İşleri 7:48). O'na en güzel kiliseyi veya katedrali inşa edebi-lirsiniz ve halkı oradayken O da oraya gelebilir. Ama O'nun oturduğu yer, fidyelerini vererek kurtardığı imanlıların fiziksel bedenleridir.

"Bu nedenle gidin, bütün ulusları öğrenci-lerim olarak yetiştirin; onları Baba, Oğul ve Kutsal Ruh'un adıyla vaftiz edin" (Matta 28:19).

Hayatınızı Mesih'e adadıktan sonra vaftiz olursunuz (temizleyen, arındıran suya batırılma işlemi). Sunakta kanla Tanrı'ya sunulan her şey suyla yıkanmalıdır. Bu sizi fiziksel olarak temiz-lemek için değildir. Gerçek anlamıyla Tanrı için ayrılmışlar olarak sizi kutsal kılmak içindir. Pet-rus şöyle dedi: *"Tövbe edin, her biriniz İsa Me-sih'in adıyla vaftiz olsun. Böylece günahlarınız bağışlanacak ve Kutsal Ruh armağanını alacak-sınız"* (Elçilerin İşleri 2:38). Kaç kişi? Hepiniz. Bunu yaptığınızda, bedeninizi *"diri bir kurban"* olarak sunmalısınız.

"Öyleyse kardeşlerim, Tanrı'nın merhameti adına size yalvarırım: Bedenlerinizi diri, kutsal, Tanrı'yı hoşnut eden birer kurban olarak sunun" (Romalılar 12:1).

Bedeniniz Tanrı'nın sunağına konduğu zaman arınır. Bedeninizi kutsallıkla ve saygınlıkla korumanın yolu budur. Bedeninizi sunakta tutun. İsa Ferisililer'e aslında şunu diyordu: "Budalalar! Adak sunağı kutsal kılmaz; adağı kutsal kılan sunaktır" (Matta 23:18-19). Bedeninizi Tanrı'nın sunağı üzerine koyarsanız, sunakla teması kesilmediği sürece, bedeniniz kutsaldır. Ama teması keserseniz, kutsallığınızı kaybedersiniz.

Bedeniniz size ait değildir; Tanrı'ya aittir.

"Bu nedenle bedenin tutkularına uymamak için günahın ölümlü bedenlerinizde egemenlik sürmesine izin vermeyin. Bedeninizin üyelerini haksızlığa araç ederek günaha sunmayın. Ölümden dirilenler gibi kendinizi Tanrı'ya adayın; bedeninizin üyelerini doğruluk araçları olarak Tanrı'ya sunun" (Romalılar 6:12-13).

Özetlemek gerekirse, yüreğinizi kötü vicdandan arındırırsınız, günahlarınızın bağışlandığını bilirsiniz, yüreğinizin temizlendiğini bilirsiniz ve sonra bedeninizi saf suyla yıkatırsınız (Tanrı Sözü'nün saf suyu). Kutsal Ruh'un size aktardığı gerçeğe itaat ederek kendinizi arındırırsınız. İmandan sonraki ilk arındırma eylemi suya batırılarak Tanrı'ya ayrılmaktır. Bundan sonra kanla ve suyla kutsanmış bedeninizi Tanrı'nın sunağının üzerine yatırırsınız. Bedeninizin her bir üyesini bir araç olarak Tanrı'ya sunarsınız. Ve bedeniniz ondan sonra O'nun için bir araç olur. Günümüzde, İsa Mesih'in yeryüzünde kendi isteğini gerçekleştirmek için kullandığı yegane araç budur. Bedenimizin üyeleri Mesih'in üyeleridir.

BÖLÜM 9

TAPINMAYA FİZİKSEL YAKLAŞIMIMIZ

Hareketsiz tapınma diye bir şey yoktur. Bedenimizin hiçbir tepki vermediği bir tapınma olamaz. Tapınma son derece hareketlidir. Eski Antlaşma'yı İbranice, Yeni Antlaşma'yı de Grekçe olarak Kutsal Kitap'ı okuma ayrıcalığına sahip oldum. Bir süre önce, iki lisanda da tapınmayı anlatan kelimelere bakmaya karar verdim. Bunu yaptığımda, beni şaşırtan ve tüm tapınma anlayışımı değiştiren bir keşifte bulundum. Tapınmayı tanımlayan istisnasız her kelimenin, bedenin bir tavrını veya pozisyonunu da tanımladığını keşfettim. Baş bölgesinden başlayarak aşağı doğru ilerlerken size bunu örneklerle göstereceğim.

Baş

Yaratlış 24'te, İbrahim uşağını oğluna bir gelin bulması için Mezopotamya'ya gönderdi.

Uşak nereye gittiğini ve kimle karşılaşacağını bilmeden yola çıktı. Uşak farkına varmadan, Rab onu İbrahim'in kardeşine (o zamanlar evlilik teklifi için geleneksel yaklaşım buydu) yönlendirdi. Ve böylece, uşak karşılaştığı Rebeka adlı kızın İbrahim'in yeğeni olduğunu anladığında ne yaptığını ayet şöyle anlatır: *"Adam eğilip RAB'be tapındı"* (Yaratılış 24:26).

Daha sonra Mısırdan Çıkış kitabında, Musa ve Harun'un Tanrı'nın sözünü tutsak İsrail halkına iletmek için çölden geri döndüğünü görüyoruz. Tanrı'nın İsrail halkını Mısırlıların elinden kurtarmaya and içtiğini İsrail'in ileri gelenlerine bildirdiklerinde ne olduğuna bir bakalım:

"Halk inandı; RAB'bin kendileriyle ilgilendiğini, çektikleri sıkıntıyı görmüş olduğunu duyunca, eğilip tapındılar" (Mısırdan Çıkış 4:31).

Bazı durumlarda, farklı fiziksel duruşlar zor olabilir, ama başınızı öne eğmeyi her pozisyonda gerçekleştirebilirsiniz. Örnek vermek gerekirse, Ruth ve ben bir restoranda yemek yemeden önce nispeten uzunca bir şükran duası ederiz. Bunu yaparken diz çökmek veya yüz üstü yere kapanmak bizim için imkansızdır. Ama, başı öne eğmek neredeyse her yerde gerçekleştirilebilecek bir eylemdir. Sizi teşvik etmek isterim; bir daha yemek öncesi şükran duası ederken başınızı yukarıda tutmayın; öne eğin. Bunu yapmak Tanrı'yla ilişkinizde çok büyük fark yaratır. Bu çok basit ama çok önemli bir eylemdir.

Eller

Dünyanın gördüğü en içten tapınan insanlardan biri Davut'tu. O bize ellerle ilgili tapınmayı simgeleyen iki değişik duruş şekli gösterdi. 63. Mezmur şu harika sözlerle başlar:

"Ey Tanrı, sensin benim Tanrım,
Seni çok özlüyorum,
Canım sana susamış,
Kurak, yorucu, susuz bir diyarda,
Bütün varlığımla seni arıyorum"
(Mezmur 63:1).

Davut Tanrı'ya bu duayla yakarırken Yahuda çöllerindeydi. Sonra şöyle devam etti:

"Senin sevgin yaşamdan iyidir,
Bu yüzden dudaklarım seni yüceltir.
Ömrümce sana övgüler sunacağım,
Senin adınla ellerimi kaldıracağım"
(Mezmur 63:3-4).

Rab'bin adında ellerinizi kaldırmak, Kutsal Kitap'ta pek çok kez bahsedilen bir tapınma eylemidir.

141. Mezmur'da Davut ellerle ilgili aynı eylemden söz etti: *"Duam önünde yükselen buhur gibi, el açışım[2] akşam sunusu gibi kabul görsün!"* (Mezmur 141:2). Buhur bize bunun bir tapınma olduğunu anlatır. Tapınakta, hem sabah hem de akşam sunusu gerçekleştirilirdi. Günün sonunda, Davut ellerini kaldırmasını, Tanrı'dan akşam sunusu olarak kabul etmesini istiyordu.

Daha sonra 143. Mezmur'da, Davut ellerin başka bir duruş şeklini açıkladı: *"Ellerimi sana açıyorum, canım kurak toprak gibi sana susamış"* (Mezmur 143:6). Tanrı'ya özlemin ifade ediliş şekline tekrar dikkatinizi çekerim.

Sanırım ellerin bu iki farklı duruş şeklinin önemi farklıdır. Ellerinizi kaldırdığınızda Tanrı'nın görkemini ve hakimiyetini kabul edersiniz. Ellerinizi açtığınızda Tanrı'dan almaya açık hale gelirsiniz.

---

[2] "El açışım" Kutsal Kitap'ın tüm İngilizce çevirilerinde "ellerimi sana yükseltmem" diye geçer.

Bir defasında, Ruth ve ben Hollanda'daki bir dua toplantısındayken, Ruth ellerini öne doğru uzatmıştı ve o sırada harika bir tapınma yaşıyorduk. Sonra bana şöyle dedi: "Ellerim o kadar ağırlaştı ki, onları kaldıramıyorum." İbranicede görkem ve ağırlık için aynı kelime kullanılır: *Cheved* ve *chevron*. Ruth'a şöyle dedim: "Tanrı görkemini ellerinin içine koyuyor."

Bunu anlatmamın nedeni, Tanrı'nın bedenlerimizle ilgilenmesinin gerçekliğini vurgulamaktır. Bizler havada öylece salınıp duran bedensiz ruhlar değiliz. Tamamıyla gerçek ve maddesel bedenlerde yaşayan insanlarız. Ve Tanrı tapınmada bedenlerimizde tam bir hakimiyet ister.

Ellerin çok sevdiğim bir eylemi daha vardır. *"Ey bütün uluslar, el çırpın! Sevinç çığlıkları atın Tanrı'nın onuruna"* (Mezmur 47:1). Ellerimizi çırptığımız zaman Tanrı'ya tapınıyoruz. Tapınma oturduğunuz yerde bazı sabit duruş şekilleri değildir; tüm bedenin eylemidir.

Dizler

Rab'be ellerini açan bir diğer kişi de, inşa ettiği tapınağı Rab'be adayan Kral Süleyman'dı.

Ama Süleyman biraz daha ileri gitti. Sadece ellerini açmakla kalmadı, tapınmanın bir sonraki tavrını da takındı:

"Süleyman RAB'bin sunağının önünde, İsrail topluluğunun karşısında durup ellerini göklere açtı. Beş arşın uzunluğunda, beş arşın eninde, üç arşın yüksekliğinde tunç bir kürsü yaptırıp avlunun ortasına kurdurmuştu. Bu kürsünün üstünde durdu, İsrail topluluğunun önünde diz çöküp ellerini göklere açtı" (2. Tarihler 6:12-13).

Daniel kitabında, Kral Darius'un kendisinden başkasına tapınan herkesin aslanlara atılmasını öngören yasayı imzaladığı hikayeye bir göz atalım:

"Daniel yasanın imzalandığını öğrenince evine gitti. Yukarı odasının Yeruşalim yönüne bakan pencereleri açıktı. Daha önce yaptığı gibi her gün üç kez diz çöküp dua etti, Tanrısı'na övgüler sundu" (Daniel 6:10).

Daniel'in Yeruşalim'e doğru diz çökerek gerçekleştirdiği düzenli bir tapınma uygulaması vardı (bütün Yahudiler hala dünyanın neresinde olurlarsa olsunlar, yüzlerini Yeruşalim'e dönerek dua ederler). Yani hem Süleyman hem de Daniel duada diz çöktüler.

Ve Efesliler'de Pavlus şöyle dedi:

"Bunun için, yerde ve gökte her ailenin adını kendisinden aldığı Baba'nın önünde diz çökerim" (Efesliler 3:14).

Pavlus dua ettiği ve tapındığı zaman yaptığı en doğal şeylerden biri diz çökmekti. Dizlerinizin üzerine çökmek tam bir teslimiyet eylemidir ve çok önemlidir. Birçok Hristiyanın Tanrı'ya tamamen teslim olmadığını görüyorum. Tanrı hoşlarına giden bir şey yaptığında teslim olurlar, ama isteklerinin dışında bir şey yaptığında şikayet ederler, hırçınlaşırlar ve sinirlenirler.

Günümüzde öğrenmemiz gereken anahtar sözcüklerden biri *egemen*dir. Bu kelimeyi artık fazla duymuyoruz, ama Tanrı hakkındaki gerçek budur. O mutlak egemendir. Şu şekilde açıklayayım: Tanrı ne isterse yapar, istediği zaman yapar, istediği şekilde yapar ve kimseden izin almaz. Bu gerçeğe sarılıp dizlerinizin üzerine ne kadar erken çökerseniz, muzaffer bir Hristiyanca yaşam sürmeniz o kadar kolay olur. Tanrı yaşamlarımızda yapması gerekmediğini düşündüğümüz şeyler yapar. Birçoğunuz O'nunla ilgili bir tür şikayet tavrına sığınabilirsiniz. Tanrı'ya karşı söylenmemeye dikkat edin.

Diz çökmek bir tapınma eylemidir. Nasılsa gelecekte bir şekilde herkes bunu yapacaktır. Siz bu kalabalığın önüne geçip bunu şimdiden yapın.

"Kendi üzerime ant içtim,
Ağzımdan çıkan söz doğrudur, boşa çıkmaz:
Her diz önümde çökecek, her dil bana ant içecek" (Yeşaya 45:23).

Belli bir noktada, Tanrı evrende yaratılmış her canlının, önünde diz çökerek mutlak egemenliğini tanıyacakları konusunda ısrar ediyor. *"Her diz önümde çökecek."* Filipililer'de, Pavlus evrende kimlerin diz çökeceğini gösterdi.

"Bunun için de Tanrı O'nu pek çok yükseltti ve O'na her adın üstünde olan adı bağışladı. Öyle ki, İsa'nın adı anıldığında gökteki, yerdeki ve yer altındakilerin hepsi diz çöksün" (Filipililer 2:9-10).

Yere Kapanmak

Şimdi de, Kutsal Kitap'ta tapınma için en çok kullanılan açıklamaya geldik: Tanrı'nın huzurunda yüzüstü yere kapanmak. Bunun ayırt edici bir anlamı vardır. Tanrı'ya tam bir bağımlılık anlamına gelir. Şu demektir: "Rab, Sen olmadan bir şey yapamıyorum. Bir şeyi yapmaya dahi başlayamıyorum." John Bunyan'ın bir defasında söylediği gibi:

Aşağıda olan düşmekten korkmaz
Alçakta olanın gururu olmaz
Alçakgönüllü olanın
Rehberi Tanrı olur.

Yere yüzüstü kapandığınızda gidebileceğiniz en alçak yerdesinizdir. Artık oradan başlayan tüm yollar yukarıya doğru gider.

Yaratılış 17'de, Rab İbrahim'e iki kez göründü. Bu çok önemli bir bölümdür, çünkü Rab İbrahim'le ve onun soyuyla sonsuza dek sürecek bir antlaşma yaptı. Onlara sonsuza dek sahip olmak üzere Akdeniz'in doğu kıyısında bir toprak parçası verdi. Rab İbrahim'e ilk göründüğünde (o zaman ismi Avram'dı) ona şöyle dedi:

"'Ben Her Şeye Gücü Yeten Tanrı'yım' dedi, 'Benim yolumda yürü, kusursuz ol. Seninle yaptığım antlaşmayı sürdürecek, soyunu alabildiğine çoğaltacağım.' Avram yüzüstü yere kapandı" (Yaratılış 17:1-3).

Aynı bölümün devamında şunları okuyoruz:

"Tanrı, 'Karın Saray'a gelince, ona artık Saray demeyeceksin' dedi, 'Bundan böyle onun adı Sara olacak. Onu kutsayacak, ondan sana bir oğul vereceğim. Onu kutsayacağım, ulusların anası olacak. Halkların kralları onun soyundan çıkacak.' İbrahim yüzüstü yere kapandı ve güldü. İçinden, 'Yüz yaşında bir adam çocuk sahibi olabilir mi?' dedi, 'Doksan yaşındaki Sara doğurabilir mi?'" (Yaratılış 17:15-17).

Olağanüstü! Rab doğurganlık çağını epeyce aşmış olan Saray'a, yeni adıyla Sara'ya böyle bir şeyi nasıl söyleyebildi? Ama zamanı gelince söylediği gerçekleşti. İbrahim Tanrı'nın huzurunda yüzüstü yere kapanarak olgunlaşıyordu ve bunu Yaratılış 17'de iki kez yaptı.

Levililer'de insanların Tanrı'nın huzurunda yüzüstü yere kapanmalarının başka bir örneği vardır:

"RAB bir ateş gönderdi. Ateş sunağın üzerindeki yakmalık sunuyu, yağları yakıp küle çevirdi. Bunu gören halkın tümü sevinçle haykırarak yüzüstü yere kapandı" (Levililer 9:24).

Aslına bakarsanız, isteselerdi dahi ayakta kalabileceklerine inanmıyorum. Tanrı'nın direkt varlığına maruz kalmışlardı (Kutsal Ruh). Daha sonra Çölde Sayım'da şu anlatıma rastlıyoruz:

"Musa'yla Harun topluluktan ayrılıp Buluş-ma Çadırı'nın giriş bölümüne gittiler, yüzüstü yere kapandılar. RAB'bin görkemi onlara gö-ründü" (Çölde Sayım 20:6).

Kutsal Kitap boyunca benzer örnekleri göre-biliriz. Yeşu, Rab'bin ordusunun Başkomutan'ı göründüğünde yüzüstü yere kapandı (Yeşu 5: 14). İlyas Karmel Dağı'nda sunuları yakması için gökten Rab'bin ateşini çağırdığında tüm ulus *"...yüzüstü yere kapandı. 'RAB Tanrı'dır, RAB Tanrı'dır!' dediler"* (1. Krallar 18:39). Tek bir kişi bile ayakta kalmadı. Tanrı'nın huzurunda verilecek tepki budur. Hezekiel'de şöyle yazar:

"Görünüşü yağmurlu bir gün bulutların arasında oluşan gökkuşağına benziyordu. Öy-leydi çevresini saran parlaklık. RAB'bin görke-mini andıran olayın görünüşü böyleydi. Görün-ce, yüzüstü yere yığıldım, birinin konuştuğunu duydum" (Hezekiel 1:28).

Acaba Tanrı'nın huzurunda hiç yere kapanmamış herhangi bir erkek veya kadın, Tanrı'ya çok yakın olabildi mi diye merak ederim. Tanrı'nın huzurunda yere kapanmamış gerçekten büyük adamlardan birini bulabilmek için tüm Kutsal Kitap'ı ayrıntılı bir şekilde araştırmanız gerekir. Bu tapınma şekli benim için bir yasallık veya törensellik meselesi değildir. Güvenlik ihtiyacından doğan bir tavırdır. Benim için en güvenli olan yerin, Tanrı'nın huzurunda yüzüstü kapandığım yer olduğunu fark ettim. Yüceliğe giden yol budur (Tanrı'nın huzurunda yüzüstü yere kapanın).

Rab'bin Önünde Dans Etmek

Kutsal Kitap'ta açıklanan bir tapınma eylemi daha vardır. 2. Samuel'de, Davut'un Filistinliler tarafından kaçırılan ve güvenli bir yerde tutulan Antlaşma Sandığı'nı nihayet Yeruşalim'e geri getirmeyi başardığını görürüz. Sandık Yeruşalim'e getirilirken yolda birçok sorunla karşılaştılar. Tanrı sandığı taşıyan ilk gurubun bir üyesini öldürdü ve herkes önemli bir ders öğrenmiş oldu: Tanrı'nın Sandığı'na yalnızca Levililer dokunabilirdi. Sonunda, çeşitli enstrümanların müziği eşliğinde Antlaşma Sandığı Yeruşalim'deki yerine yerleştirildi ve bu bölümdeki bir ayet bu olayı şöyle kaydetti:

"Keten efod kuşanmış Davut, RAB'bin önünde var gücüyle oynuyordu" (2. Samuel 6:14).

Efod, kâhinliği simgeleyen bir giysi parçasıydı. *"Davut, RAB'bin önünde var gücüyle oynuyordu."* Davut yiğitlik abidesi bir adamdı. Bence o var gücüyle dans ettiyse, bedeninde harekete geçmeyen kas kalmamıştır. Onu hoplayıp zıplarken, her şeyini verircesine dans ederken tahayyül edebiliyorum. Tapınma budur. Tüm bedeniniz özgürleşmeden, gerçekten özgürleşemezsiniz.

Ancak bu hikayenin bir de diğer yönü var:

"Davut ailesini kutsamak için eve döndüğünde, Saul'un kızı Mikal onu karşılamaya çıktı. Davut'a şöyle dedi: 'İsrail Kralı bugün ne güzel bir ün kazandırdı kendine! Değersiz biri gibi, kullarının cariyeleri önünde soyundun.' Davut, 'Baban ve bütün soyu yerine beni seçen ve halkı İsrail'e önder atayan RAB'bin önünde oynadım!' diye karşılık verdi, 'Evet, RAB'bin önünde

oynayacağım. Üstelik kendimi bundan daha da küçük düşüreceğim, hiçe sayacağım. Ama sözünü ettiğin o cariyeler beni onurlandıracaklar'" (2. Samuel 6:20-22).

Bu bölümün kapanış ayeti:

"Saul'un kızı Mikal'ın ölene dek çocuğu olmadı" (23.ayet)

Bunun tüm nedeni, Rab'bin önünde dans eden kocasını hor görmesiydi. Rab'den keyif alan insanları eleştirmek hem üzücü hem de tehlikelidir. Konularında uzman olmayabilirler, yüksek eğitimli olmayabilirler, ama Tanrı bunu sever. O kendisinden keyif alınmasını ister. Bunun için, yargılayıcı olmamaya dikkat edin.

Tanrı'ya tüm bedenimizle tapınmak önemlidir. İsa ruhta ve gerçekte tapınmamızı söyledi. Pavlus şöyle dedi: *"Ruhunuz, canınız ve bedeniniz ... eksiksiz ve kusursuz olmak üzere korunsun"* (1. Selanikliler 5:23). Daha önce öğrendiğimiz şeyi tekrar hatırlayalım: Kişiliğimiz ruh, can ve bedenden ibarettir. Tüm kişiliğinizi Tanrı'ya uyumlu hale getirmeli ve Tanrı'ya O'nun istediği şekilde karşılık vermelisiniz.

Tapınmaya Maddi Yaklaşımımız

Tanrı'ya fiziksel olarak tapınma yollarından biri de maddi sunularımızdır. Tanrı bizden paramızı, kutsal ve O'na tapınırken sunmamız gereken bir şey olarak görmemizi ister. Bunu yapmadan, tapınmamız eksik kalır.

Mısırdan Çıkış'ta, Tanrı İsrailli her erkeğin yılda üç kez Yeruşalim'deki tapınağa gidip, Tanrı'nın huzuruna sunular getirmesi ve kutlama yapmasıyla ilgili kurallar belirledi.

"Yılda üç kez bana bayram yapacaksınız. Size buyurduğum gibi, Aviv ayının belirli günlerinde yedi gün mayasız ekmek yiyerek Mayasız Ekmek Bayramı'nı kutlayacaksınız. Çünkü Mısır'dan o ay çıktınız. Kimse huzuruma eli boş çıkmasın" (Mısırdan Çıkış 23:14-15).

Tanrı'nın tapınma ve kutlama için belirlediği düzenin bir parçası da buydu. İsrailliler Tanrı'nın belirlediği zamanda, O'nun belirlediği şekilde oraya gitmeli ve hiçbir İsrailli O'nun huzuruna eli boş olarak çıkmamalıydı. Sunu, kutlama ve tapınmanın önemli bir parçasıydı.

Mezmur yazarı 96.Mezmur'da şöyle dedi:

"RAB'bin görkemini adına yaraşır biçimde övün, sunular getirip avlularına girin! Kutsal giysiler içinde RAB'be tapının! Titreyin O'nun önünde, ey bütün yeryüzündekiler" (Mezmur 96:8-9).

Başka bir deyişle, "sununuz yoksa gelmeyin." Burada Tanrı'ya getirilen sunularla ilgili (parasal veya başka bir şey) üç önemli gerçek görürüz. İlki, sunu Tanrı'ya övgü verir. Mezmur yazarı şöyle dedi: *"RAB'bin görkemini adına yaraşır biçimde övün, sunular getirip avlularına girin."* Rab'bin görkemini adına yakışır biçimde nasıl övebiliriz? O'na sunular götürerek.

Daha sonra şöyle diyor: *"Sunular getirip avlularına girin."* Sunular götürmek bize Tanrı'nın avlularına giriş vizesi verir. Eğer sunu olmadan gidersek, Tanrı'nın yanına girme hakkımızı öne süremeyiz. Çıkış'taki ayeti hatırlayın: *"Kimse huzuruma eli boş çıkmasın"* (Mısırdan Çıkış 23:15). Tanrı'nın önüne çıkmak, O'nun avlularına girmek istiyorsanız, bir sununuz olması gerekir.

Tanrı sunuyu tapınmamızın bir parçası olarak belirledi ve tapınmamız O'na bir sunu götürmeden eksik kalır. Paramızı Tanrı'ya verdiğimizde, hayatımızın çok önemli bir parçasını vermiş oluruz. Birçoğumuz hayatlarımızın büyük bir bölümünü, gelir elde etmek için işlerimize ayırdığımızı söyleyebilir. Gelirimizin belirli bir kısmını Tanrı'ya sunduğumuzda, aslında kendimizi Tanrı'ya sunmuş oluruz. O'na zamanımızı, gücümüzü ve yeteneğimizi sunmuş oluruz. Gerçekten, Tanrı'ya sunabileceğimiz kendimizden daha kutsal bir şey yoktur. Tanrı bize şöyle seslenir: "Avlularıma girmek istiyorsanız, huzurumda durmak istiyorsanız, bana övgü getirmek istiyorsanız, kutsallığın güzelliği içinde bana tapınmak istiyorsanız, sununuzu getirin." Tanrı'nın hayatınızla ilgili planında sunu, tapınma ve kutsallık birbirleriyle yakından bağlantılıdırlar.

Tanrı Hesap Tutar

Şimdi de, Tanrı'nın halkının büyük bir kısmının tam olarak kavrayamadığı önemli bir noktaya değineceğiz: Tanrı, halkının getirdiği sunuların kaydını tutar. Çölde Sayım'ın 7. bölümü çok uzundur (seksen sekiz ayetten oluşur ve ayetlerin büyük bir kısmı İsrail'in on iki oymak önderinin Tanrı'ya getireceği sunularla ilgilidir).

Her birinin sunusu tıpatıp aynıydı ama şaşırtıcı olan, sunuların her biri ayrıntılı bir biçimde tek tek açıklanmıştır. Tanrı şöyle demiyor: "İkinci önder de birinciyle aynı sunuları getirsin." Şunu da demiyor: "On iki oymak liderinin her biri şu sunuları getirecek." Tanrı böyle yaparak, sunularımızın kayıtlarını ne kadar özenle tuttuğunu bize gösteriyor. İlk oymak önderinin sunularını aşağıda görebilirsiniz:

"Meshedilen sunağın adanması için önderler armağanlarını sunağın önüne getirdiler. Çünkü RAB Musa'ya, 'Sunağın adanması için her gün bir önder kendi armağanını sunacak' demişti. Birinci gün Yahuda oymağından Amminadav oğlu Nahşon armağanlarını sundu. Getirdiği armağanlar şunlardı: 130 kutsal yerin şekeli ağırlığında gümüş bir tabak, yetmiş şekel ağırlığında gümüş bir çanak -ikisi de tahıl sunusu için zeytinyağıyla yoğrulmuş ince un doluydu- buhur dolu on şekel ağırlığında altın bir tabak; yakmalık sunu için bir boğa, bir koç, bir yaşında bir erkek kuzu; günah sunusu için bir teke; esenlik kurbanı için iki sığır, beş koç, beş teke, bir yaşında beş kuzu. Amminadav oğlu Nahşon'un getirdiği armağanlar bunlardı" (Çölde Sayım 7:10-17).

Tanrı her bir önderin getirdiği sunuların ayrıntılarıyla, tam bir kaydını tuttu ve bu kayıtların Kutsal Kitap'ta da saklanmasını istedi.

Bununla birlikte, bu kayıtlar sadece Eski Antlaşma ayinlerine özgü değildir. Markos'ta İsa'nın sunu getirenleri bizzat ne kadar dikkatle gözlemlediğine dikkatinizi çekerim:

"İsa tapınakta bağış toplanan yerin karşısında oturmuş, kutulara para atan halkı seyrediyordu. Birçok zengin kişi kutuya bol para attı. Yoksul bir dul kadın da geldi, birkaç kuruş değerinde iki bakır para attı. İsa öğrencilerini yanına çağırarak, 'Size doğrusunu söyleyeyim' dedi, 'Bu yoksul dul kadın kutuya herkesten daha çok para attı. Çünkü ötekilerin hepsi, zenginliklerinden artanı attılar. Bu kadın ise yoksulluğuna karşın, varını yoğunu, geçinmek için elinde ne varsa, tümünü verdi'" (Markos 12:41-44).

Burada dikkat çekici iki nokta var: İlki, İsa ne verildiğini gözlemledi ve verilen şeylerin değerini biçti. İkicisi, Tanrı verdiklerimizi vermediklerimizle ölçer. Gerçek değeriyle en düşük bağışı yapana, İsa en yüksek değeri verdi. Çünkü kadının verecek başka bir şeyi kalmamıştı. Onun için şunu aklınızdan çıkarmayın: Tanrı verdiklerinize değer biçerken, elinizde tuttuklarınıza bakar.

Ve son bir nokta: Bir gün hepimiz Tanrı'ya hesap vereceğiz: *"Böylece her birimiz kendi adına Tanrı'ya hesap verecektir"* (Romalılar 14:12). Her birimizin geleceği budur. *"Hesap verecektir"* ifadesi orijinal Grekçede öncelikle (tamamıyla değil) parasal hesap için kullanılır. Yani Kutsal Kitap'a göre, her birimiz Tanrı'ya parasal hesabımızı vereceğiz.

Tanrı'nın paramıza ihtiyacı yoktur. Ama paramızla ilgili tavrımızın, Kendisi'ne karşı tavrımızı açığa çıkardığını bilir. İsa'nın dediği gibi:

"Hiç kimse iki efendiye kulluk edemez. Ya birinden nefret edip öbürünü sever, ya da birine bağlanıp öbürünü hor görür. Siz hem Tanrı'ya, hem de paraya [mammona][3] *kulluk edemezsiniz"* (Matta 6:24).

---

[3] "para": Grekçe "mammon". Aramice'de (İsa'nın konuştuğu dil) zenginlik anlamına gelen mammon sözcüğü, para ya da para kazanma hırsı anlamında kullanılır.

Bir seçimle karşı karşıyayız. Tanrı'ya hizmet edersek, mammona yani insanların parayla ilgili tavırlarını kontrol eden ve çıkarları için kullanan o kötü ruhsal güce hizmet etmeyiz. Tanrı'ya olan yaklaşımımız doğruysa, paraya olan yaklaşımımız da doğru olacaktır. Eğer Tanrı'ya bağlanırsak, O'na sadık kalırsak, O'na tapınırsak, o zaman mammonu hor göreceğiz; o şeytani gücün üzerimizde hüküm sürmesine izin vermeyeceğiz. Ya Tanrı'yı ya da mammonu sevin; üçüncü bir seçenek veya tarafsız kalmak yok.

Tapınma yalnız Tanrı'ya sunulmalıdır. İnsanları övebilirsiniz; onlara teşekkür edebilirsiniz; ama Rab'den başka kimseye tapınmamalısınız. Böylece, eşsiz bir eylemle Tanrı'ya şunu söyleriz: "Tanrı, Sen bizim Tanrımız'sın. Sana tapınıyoruz. Ayakta öylece durup sana tapındığımızı söylemiyoruz; diz çöküyoruz, ellerimizi uzatıyoruz, başımızı eğiyoruz, yüzüstü yere kapanıyoruz, olduğumuz gibi ve her şeyimizle Sana tapınıyoruz." Tanrımız Rab'be tapınmak, tüm varlığımızın katılımını gerektiren bir eylemdir.

BÖLÜM 10

TAPINMANIN
KAÇINILMAZLIĞI

Son tahlilde, insanın seçimi tapınıp tapınmama
konusunda değil, kime tapınacağı konusundadır.

Bu konu, Tanrı'nın Sina Dağı'nda İsrailli-
ler'e söylediklerinde (bizim On Emir diye adlan-
dırdığımız) açıkça belirtilmiştir. Tanrı orada şöy-
le dedi:

*"Tanrı şöyle konuştu: 'Seni Mısır'dan, köle
olduğun ülkeden çıkaran Tanrın RAB benim.
Benden başka tanrın olmayacak. Kendine yuka-
rıda gökyüzünde, aşağıda yeryüzünde ya da yer
altındaki sularda yaşayan herhangi bir canlıya
benzer put yapmayacaksın. Putların önünde
eğilmeyecek, onlara tapmayacaksın. Çünkü ben,
Tanrın RAB, kıskanç bir Tanrı'yım. Benden nef-
ret edenin babasının işlediği suçun hesabını
çocuklarından, üçüncü, dördüncü kuşaklardan
sorarım'"* (Mısırdan Çıkış 20:1-5).

Burada bazı önemli noktalara dikkatinizi çekmek isterim. Birincisi, Tanrı tapınılmayı hiç kimse ya da şeyle paylaşmaz. Tanrı'ya tapınıyorsak, yalnızca O'na tapınırız ve bu tapınmayı kabul etme hakkı yalnızca O'nundur. Evrende, gerçek Tanrı'dan başka tapınmamızı sunabileceğimiz herhangi bir kişi, varlık veya nesne yoktur.

İkincisi, eğilmek her zaman tapınmanın bir göstergesidir. Yasaklanmış putlardan bahsederken Tanrı şöyle dedi: *"Putların önünde eğilmeyecek, onlara tapmayacaksın"* (Çıkış 20:5). Eğilmek ve tapınmak eş anlamlıdır.

Üçüncü nokta çok ciddidir: Yanlış tapınmanın kötü sonuçları torunlarımıza kadar uzanır. Tanrı, babasının işlediği suçtan dolayı çocuklarını, üçüncü, dördüncü kuşaklarını cezalandıracağını söyler. Nesilden nesile geçen bu tür cezalandırmalar insanların işlediği herhangi bir başka günahın sonucunda görülmez. Gerçek Tanrı'dan başka bir tanrıya tapınma günahı o kadar benzersiz ve iğrenç bir günahtır ki, Tanrı bu günahın işlenmesi durumunda sonuçlarıyla birlikte bunun günahı işleyenin üçüncü, dördüncü kuşağına kadar taşınacağını söyler.

Tahıl Sunusu

Levililer kitabı maddi bir Eski Antlaşma sunusundan bahseder. Ama pek çok Eski Antlaşma uygulamasında olduğu gibi, bu sunu da ruhsal hayatla ve özellikle de tapınmayla ilgilidir:

"Biri RAB'be tahıl sunusu getirdiği zaman, sunusu ince undan olmalı. Üzerine zeytinyağı dökmeli ve günnük koymalı" (Levililer 2:1).

Tahıl sunusu çok ince öğütülmüş bir yiyecek veya undu. Daha önce de belirttiğim gibi, bu yaşamlarımızı Tanrı'ya sunmayı simgeler. Tanrı hayatlarımızın çok ince öğütülmüş olmasını ister. Her şeyi böyle ister ki, biz O'nun isteğine karşı koymadan işini yapabilsin.

Yaşamlarımızı Tanrı'ya sunduğumuz zaman gerçekleştirmemiz gereken iki sembolik eylem vardır: Üzerine yağ dökmeli ve günnük koymalıyız. Tüm Kutsal Kitap boyunca, yağ kaçınılmaz olarak Kutsal Ruh'un bir sembolüdür. Kutsal Ruh'un sağlayışı olmadan, Tanrı'ya bir şey sunamayız.

Günnük ise ağaçtan çıkan bir tür kokulu sakızdır. Doğal haliyle, genellikle beyaz renklidir ve belli bir cazibesi yoktur. Ama yakıldığında, tapınmayı simgeleyen hoş ve kendine has bir koku yayar. Aslında, Kutsal Kitap'ta içinde buhur, esans ve kokuyu tanımlayan sözcüklerin bulunduğu her meselde, tapınma ima edilir.

Bu nedenle, kendimizi Rab'be sunduğumuzda, bunu Kutsal Ruh'la ve tapınmayla yapmalıyız. Ancak, günnüğe farklı bir şey olur:

"Sunuyu Harun soyundan gelen kâhinlere götürmeli. Kâhin avuç dolusu ince un, zeytinyağı ve bütün günnüğü alıp sunağın üzerinde anma payı olarak yakacak. Bu yakılan sunu ve RAB'bi hoşnut eden kokudur" (Levililer 2:2).

Sunuyu kâhin sunmalıdır. Kâhin az miktarda ince unu ve yağı alır ve sunağın üzerindeki ateşin üzerine koyar. Ama (bu çok önemlidir) günnüğün tamamını koyar. Tapınma (günnük) sadece Rab'be gider. Tapınmayı, günnüğü Rab'den başkasına sunmak günahtır. Birçok üst düzey Hristiyanın bu dersi öğrenmesi gerektiğine inanıyorum. Son birkaç on yılda birçok seçkin, tanınan şahsiyetin büyük bir felaketle düştüğünü ve onurunu kaybettiğini gördük. Bunun nedenlerinden biri de, söz konusu şahısların takipçilerine günnükten bir parça almaları ve vaize yakmaları için izin vermeleridir.

Bir vaiz olarak, asla günnük istemem. İnsanlar genellikle bana pohpohlayıcı sözlerle yaklaşırlar ve ben bunun için minnettarım, ama tapınma sadece bir kişiye gider ve O da Tanrı'dır. Unutmayın, tapındığımız kişi tanrımız olur. Vaize tapınırsak, onu tanrımız yaparız. Ve bu yapılacak en berbat şeydir.

Tapınma ve Hizmet

Tapınmayla ilgili birçok Kutsal Kitap metninde, tapınmanın kaçınılmaz olarak hizmet etmeye yönlendirdiğini fark edeceksiniz. Neye tapınırsak sonunda ona hizmet ederiz. Bu durum İsa'yla Şeytan arasındaki konuşmada, İsa yere kapanmak ve tapınmakla denendiğinde çok açık biçimde dile getirilir. Çöldeki üç denenmenin sonuncusu şuydu:

"İblis bu kez İsa'yı çok yüksek bir dağa çıkardı. O'na bütün görkemiyle dünya ülkelerini göstererek, 'Yere kapanıp bana taparsan, bütün bunları sana vereceğim' dedi. İsa ona şöyle karşılık verdi: 'Çekil git, Şeytan! ‹Tanrın Rab'be

tapacak, yalnız O'na kulluk edeceksin> diye *yazılmıştır'"* (Matta 4:8-10).

Buradaki sıraya ve bağlantıya dikkat edin: Önce tapınmak, sonra hizmet etmek. O kadar çok Hristiyan bu sırayı değiştirmeye çalışıyor ki... Ama işe yaramaz. Tapınma olamadan hizmet etmek aynı şey değildir.

Aynı zamanda işlevsel bir bağlantı da vardır. Herhangi bir kişiye veya şeye ne kadar çok tapınırsak, hayatımızda ortaya çıkan sonuçları o kadar kesin olur: Birincisi, tapındığımız kişiye veya şeye adanmışlığımız daha da kesinleşir. İkincisi, o kişinin veya şeyin karakterine daha benzeriz. Tapınma kaçınılmaz olarak adanmaya ve benzeşmeye yönlendirir. Bu yüzden, tapınma eninde sonunda vereceğimiz bir karardır ve kimse bundan kaçınamaz. İnsan aslen tapınmak için yaratıldı ve doğasının bu unsurunu değiştiremez. Tek değiştirebileceği şey, tapınmanın yönüdür (gerçek Tanrı'dan sahte tanrıya).

İnsanların tapındığı bazı sahte tanrılarla ilgili örnekler vermek istiyorum. Birincisi, heykelciklerdir. Tüm dünyada, her kültürde ahşaptan ve taştan yapılmış heykelciklere tapınıldığını görebilirsiniz. Bunun için kullandığımız genel terim *putperestlik*tir.

İkincisi, insanlar sık sık kendi fiziksel isteklerine ve zevklerine tapınırlar. Bunlar onların tanrısı olurlar. Zevke tapınmak için genellikle kullanılan ifade *hedonizm*dir (hazcılık).

Üçüncüsü para ve maddi edinimlerdir. Dünyada milyonlarca kişi parayı tanrıları yaptılar. Kutsal Kitap'ın putperestliğin bu şekline verdiği isim *açgözlülük*tür.

Dördüncüsü, Hitler veya Lenin gibi siyasi liderlerdir. Kendi siyasi felsefeleriyle Kutsal Kitap'ı ve gerçek Tanrı'yı reddeden insanların, eninde sonunda tapınmalarının hedefi olarak bir insanı seçmeleri çok ilginçtir.

Sonuncu olarak, çeşitli sahte tarikat ve dini ideolojilerin kurucuları vardır. Jonestown, Guyana, Waco ve Texas'ta meydana gelen üzücü olaylar, sahte bir tarikat liderine tapınmanın sonuçlarıdır.

Tapınma ve Çağların Sonu

Bu tip yanlış tapınmaların sonucu nedir? Tüm bunlar insanları aynı nihai kişiye yönlendirir: Şeytan. Şeytan tapınılmayı arzular, çünkü kendini Tanrı'yla eşit kılma iddiasındadır. Daha önce tapınmanın sadece Tanrı'ya ait olduğunu belirtmiştim. Bu nedenle, Şeytan kendisine tapınılmasını kabul ettirebilirse, Tanrı'yla eşit olduğu iddiasını öne sürebilecektir. Şeytan'ın ilk yerini kaybetmesine neden olan tavrı buydu ve Yeşaya kitabında bununla ilgili şöyle yazar:

"Ey parlak yıldız, seherin oğlu,
Göklerden nasıl da düştün!
Ey ulusları ezip geçen,
Nasıl da yere yıkıldın!" (Yeşaya 14:12).

Şeytan'ın isimlerinden ikisi, Seher Yıldızı ve Lusifer'di. Takip eden ayetlerde, peygamber Şeytan'ın gerçek Tanrı'ya başkaldırmasına neden olan içindeki dürtüyü açığa çıkartır:

"İçinden, 'Göklere çıkacağım' dedin,
'Tahtımı Tanrı'nın yıldızlarından daha yük-
seğe koyacağım;
İlahların toplandığı dağda,
Safon'un doruğunda oturacağım.
Bulutların üstüne çıkacak,
Kendimi Yüceler Yücesi'yle eşit kılacağım'"
(Yeşaya 14:13-14).

Burada beş kez tekrarlanan bir ifadeye dikkatinizi çekerim: *"Yapacağım."* Şeytan'ın isyanının özü budur; Tanrı'nın isteğinin karşısına kendi isteğini koymak. Ve son sözlerinde, Şeytan'ın zirveye ulaşan hırsını görürüz: *"Kendimi Yüceler Yücesi'yle eşit kılacağım."* Şeytan'ın nihai amacının Tanrı'yla eşit olmak olduğu bir kez daha ortaya çıkıyor. Ve bunu hak olarak ileri sürebilmesinin yollarından biri kendisine tapınılmasını sağlamaktır. Çünkü bu gerçekleşirse, bir bakıma tanrı olarak nitelendirilecektir.

Kutsal Kitap'a göre, Şeytan'ın bu amacını yeryüzünde gerçekleştirmeye çok yaklaşacağı bir dönem olacaktır:

"Sonra on boynuzlu, yedi başlı bir canavarın denizden çıktığını gördüm. Boynuzlarının üzerinde on taç vardı, başlarının üzerinde küfür niteliğinde adlar yazılıydı. Gördüğüm canavar parsa benziyordu. Ayakları ayı ayağı, ağzı aslan ağzı gibiydi. Ejderha canavara kendi gücü ve tahtıyla birlikte büyük yetki verdi" (Vahiy 13:1-2).

Bu bölüm üzerinde yapılan incelemeler, canavarın insan yöneticiler ve ejderhanın da bizzat Şeytan olduğunu ortaya çıkarttı. Şimdi de bunun sonuçlarına bakalım:

"İnsanlar canavara yetki veren ejderhaya taptılar. 'Canavar gibisi var mı? Onunla kim savaşabilir?' diyerek canavara da taptılar" (Vahiy 13:4).

İnsanın Tanrı'ya başkaldırısının tarihi böyle şekillenir. Şeytan yeryüzünde, uluslar ve dünyanın dört bir yanındaki siyasi liderler üzerinde, nihai olarak onların tapınmasını kabul etmek için uğraşır. Eninde sonunda, çok güçlendireceği ve insanların ona tapınmasını sağlayacağı bir siyasi lider bulacaktır. Ve onun aracılığıyla, Şeytan'a da tapınılacaktır.

İşte tam bu yüzden, bir konuda kristal gibi şeffaf olmamız gerekir: Kime tapınacağım? Tanrım kim? İsa Mesih bize bu konudaki tek doğru cevabı sağladı:

"İsa ona şöyle karşılık verdi: 'Çekil git, Şeytan! ‹Tanrın Rab'be tapacak, yalnız O'na kulluk edeceksin› diye yazılmıştır'" (Matta 4:10).

Bunu demeye istekli misiniz? "Rab'be tapınacağım" ve "Yalnızca O'na hizmet edeceğim." Vereceğiniz en önemli karar budur. Bu karar ebedi kaderinizi belirleyecektir.

BÖLÜM 11

TAHTTA TAPINMAK

Bir süre önce eşim Ruth'a şöyle dedim: "Vahiy kitabını yeterince sık okumuyoruz. Tamam, anlaşılması zor bir kitap ama bu onu okumamamız gerektiği anlamına gelmez." Böylece, kitabı baştan sona okuduk ama daha öncekilerden farklı bir şey çıkaramadık. İkinci kez okuduk ve yine bir şey çıkmadı. Şöyle dedim: "Olsun; sonuçta Tanrı'nın Sözü; tekrar okuyacağız." Üçüncü defasında jeton düştü. Ondan sonra, Ruth ne okumamız gerektiğini her sorduğunda, cevabımın ne olduğunu biliyordu (Vahiy 4 ve 5).

Vahiy 4, göklerdeki taht odası hakkındadır. Burası tüm evrenin yönetildiği yerdir. *Taht* bu bölümdeki anahtar kelimedir. On bir ayette on dört kez tekrarlanır. Bu taht odasının içinden son derece özgün bir eylem vardır: Tapınma.

"Dört yaratığın her birinin altışar kanadı vardı. Yaratıkların her yanı, kanatlarının alt

tarafı bile gözlerle kaplıydı. Gece gündüz durup dinlenmeden şöyle diyorlar: 'Kutsal, kutsal, kutsaldır, Her Şeye Gücü Yeten Rab Tanrı, var olmuş, var olan ve gelecek olan.' Yaratıklar tahtta oturanı, sonsuzluklar boyunca yaşayanı yüceltip ona saygı ve şükran sundukça, yirmi dört ihtiyar tahtta oturanın, sonsuzluklar boyunca yaşayanın önünde yere kapanarak O'na tapınıyorlar. Taçlarını tahtın önüne koyarak şöyle diyorlar:

> *'Rabbimiz ve Tanrımız!*
> *Yüceliği, saygıyı, gücü almaya layıksın.*
> *Çünkü her şeyi sen yarattın;*
> *Hepsi senin isteğinle yaratılıp var oldu'"*
> (Vahiy 4:8-10).

Bu, göklerdeki tapınmanın bir örneğidir: Tahtta oturan Tanrı'nın önünde yere kapanırlar. Kilisede söylenen eski bir ilahiyi hatırlıyorum:

> "Herkes İsa'nın adıyla coşsun!
> Melekler yere kapansın;
> O'na egemenliği ve krallık tacını sunsunlar.
> O herkesin Rabbi'dir."

Kilisedeki sıralarında kaskatı oturup ilahi söyleyen kilise müdavimlerini gözlemlediğimi hatırlıyorum. "Melekler yere kapansın." Birçoğu herhalde şöyle derdi: "Yere kapanmak melekler için iyi olabilir, ama benden böyle onursuz bir şey yapmamı istemeyin!" Ama göklerde böyle yapılıyor. Şahsen, oradaki tapınma yöntemine tamamen uyduğumu biliyorum.

Vahiy'de, elinde Vahiy kitabının anlamını açıklayan bir tomar bulunan Biri'ni tahtta otururken görüyoruz. Güçlü bir melek yüksek sesle şöyle der: *"Tomarı açmaya, mühürlerini çözmeye kim layıktır?"* (Vahiy 5:2). Kimsenin buna gücü yetmez; göklerde bunu yapabilecek kimse yoktur. Vahiy'in yazarı Yuhanna, tomarda ne olduğunu öğrenmek istediğinden ağlamaya başlar. İhtiyarlardan biri ona seslenir: *"Ağlama! İşte, Yahuda oymağından gelen Aslan, Davut'un Kökü galip geldi. Tomarı ve yedi mührünü O açacak"* (Vahiy 5:5).

Yuhanna bu Aslan'ı görmek için etrafına bakınır ama yalnızca boğazlanmış gibi duran bir Kuzu görür. Yuhanna şöyle der:

"Tahtın, dört yaratığın ve ihtiyarların ortasında, boğazlanmış gibi duran bir Kuzu gördüm. Yedi boynuzu, yedi gözü vardı. Bunlar Tanrı'nın bütün dünyaya gönderilmiş yedi ruhudur. Kuzu

175

gelip tahtta oturanın sağ elinden tomarı aldı"
(Vahiy 5:6-7).

Sonra, tüm göksel alemin tapınmada iç içe geçtiği ilham verici bir açıklama gelir:

"Tomarı alınca, dört yaratıkla yirmi dört ihtiyar O'nun önünde yere kapandılar. Her birinin elinde birer lir ve kutsalların duaları olan buhur dolu altın taslar vardı. Yeni bir ezgi söylüyorlardı:

'Tomarı almaya,
Mühürlerini açmaya layıksın!
Çünkü boğazlandın
Ve kanınla her oymaktan, her dilden,
Her halktan, her ulustan
İnsanları Tanrı'ya satın aldın.
Onları Tanrımız'ın hizmetinde
Bir krallık haline getirdin,
Kâhinler yaptın.
Dünya üzerinde egemenlik sürecekler'"
(Vahiy 5:8-10).

İhtiyarların ne yaptığına dikkat edin. Yere kapanıyorlar. Dualarımızın Rab'bin huzuruna nasıl geldiğine dikkat edin (buhur dolu altın taslar içinde). Buhur neyi simgeler? Tapınma!

Tapınmanın ilk halkası budur; dört yaratık ve yirmi dört ihtiyar Tanrı'nın İsa vasıtasıyla gerçekleştirdiği görkemli kurtarış eylemi için yere kapanıp Tanrı'yı överler. Sonra Yuhanna şöyle devam eder:

"Sonra tahtın, yaratıkların ve ihtiyarların çevresinde çok sayıda melek gördüm, seslerini işittim. Sayıları binlerce binler, on binlerce on binlerdi" (Vahiy 5:11).

Laf aramızda, Çince konuşanlar hala milyonlarca insana tekabül ediyor (on bin çarpı on bin yüz milyon eder). Ve milyonlarca daha fazlası var. Tek bir meleğin bir gecede 185.000 Asurlu askeri yok ettiğini düşünecek olursanız (2. Krallar 19:35), endişelenmemiz gereken şeyin ne olduğunu netleştirebilirsiniz.

"Yüksek sesle şöyle diyorlardı:
'Boğazlanmış Kuzu
Gücü, zenginliği, bilgeliği, kudreti,
Saygıyı, yüceliği, övgüyü
Almaya layıktır.'
Ardından gökte, yeryüzünde, yer altında ve denizlerdeki bütün yaratıkların, bunlardaki bütün varlıkların şöyle dediğini işittim:

'Övgü, saygı, yücelik ve güç sonsuzlara dek
Tahtta oturanın ve Kuzu'nun olsun!'"
(Vahiy 5:12-13).

Evrenin dört bir yanındaki tüm yaratıklar bir şey için birleştiler: O'na tapınmak. Ve sonra:

"Dört yaratık, 'Amin' dediler. İhtiyarlar da yere kapanıp tapındılar" (Vahiy 5:14).

Sonsuzlara dek Yaşayan'ın önünde yere kapanıp O'na tapınırlar. Ne ilham verici bir resim. Taht evrenin merkezindedir ve sürekli genişleyen halkalarla evrenin en uzak sınırlarına uzanır. Herkes ve her şey yalnızca tek bir şey yapar: Tapınırlar. Merkezde olan kimdir? Kuzu. Ne görkemli bir gün olacak. Amin.

YAZAR HAKKINDA

*Derek Prince (1915-2003) Hindistan'ın Banga-
lore eyaletinde, İngiliz ordusuna bağlı asker kökenli
bir ailede doğdu. İngiltere'de Eton Lisesi ve Camb-
ridge Üniversitesi'nde ve daha sonra İsrail'deki
İbrani Üniversitesi'nde klasik diller (Yunanca, Latin-
ce, İbranice ve Aramice) konusunda araştırmacı ola-
rak eğitim aldı. Öğrencilik yıllarında sıkı bir felse-
feciydi ve kendini ateist olarak ilan etmişti. Camb-
ridge'deki King's Lisesi'nde antik ve modern felsefe
derslerini başlattı.*

*İkinci Dünya Savaşı sırasında, İngiliz Sıhhiye
Kolordusu'ndayken, Prince bir felsefe çalışması ola-
rak Kutsal Kitap okumaya başladı. İsa Mesih'le
yaşadığı güçlü birlikteliğin dönüşümüyle, birkaç gün
sonra Kutsal Ruh'la vaftiz oldu. Bu yaşam değiştiren
tecrübenin tüm hayatına işlemesiyle kendini Kutsal
Kitap çalışmaya ve öğretmeye adadı.*

*1945'te Kudüs'te ordudan ayrılıp oradaki çocuk
evinin kurucusu olan Lydia Christensen'le evlendi.
Evliliğinde, Lyda'nın evlat edinilmiş sekiz kız çocu-
ğunun da (altısı Yahudi, biri Filistin'li Arap, biri de
İngiliz) babası oldu. Ailece İsrail devletinin 1948'de*

yeniden doğuşunu gördüler. 1950'lerin sonunda Kenya'daki bir lisede müdürlük yaparken, başka bir kız çocuğu daha evlat edindi.

Prince 1963 yılında Amerika Birleşik Devletleri'ne göç etti ve Seattle'da bir kilisede pastörlük yapmaya başladı. John F. Kennedy'nin katledilmesinin de etkisiyle Prince, Amerikalılara kendi ulusları için Tanrı'nın önünde nasıl aracılık etmeleri gerektiğini öğretmeye başladı. 1973'de Amerika İçin Dua Eden Aracılar'ın kurucularından biri oldu. Dua ve Oruçla Tarihi Şekillendirmek adlı kitabıyla dünyanın dört bir yanındaki Hristiyanları kendi hükümetleri için dua etme sorumluluğu konusunda uyandırdı. Birçoklarına göre bu kitabın el altından yapılan gizli çevirileri SSCB, Doğu Almanya ve Çekoslovakya'daki komünist rejimlerin yıkılmasında etkin bir rol oynadı.

Lydia Prince 1975'de öldü ve Derek 1978'de Ruth Baker'la (evlat edindiği üç çocuğa annelik yapan bekar bir kadın) evlendi. İlk eşine rastladığı Kudüs'te Rab'be hizmet ederken ikinci eşiyle tanıştı. 1981'den Ruth'un öldüğü 1998 Aralık ayına kadar Kudüs'te beraber yaşadılar.

2003 yılında 88 yaşındayken hayata gözlerini kapamasından birkaç yıl öncesine kadar Tanrı'nın onu çağırdığı hizmetlerde çalışmaya devam etti. Tanrı'nın açıkladığı gerçekleri duyurmak için dünyanın dört yanına seyahat etti, hastalar ve cinliler *için dua etti ve Kutsal Kitap'ın ışığında dünyadaki olaylarla ilgili peygamberliklerde bulundu. Yazdığı elliden fazla kitap, altmıştan fazla dile çevrilerek tüm dünyaya dağıtıldı. Nesilden nesle geçen lanetler, İsrail'in müjdesel önemi ve demonoloji (Şeytan bilimi) gibi çığır açan konulardaki öğretilere öncülük etti.*

Uluslararası merkezi North Carolina Charlotte'da bulunan Derek Prince Hizmetleri, dünyaya yayılmış şubeleriyle öğretilerini yaymaya ve hizmetkârlar, kilise liderleri ve cemaatler için eğitim vermeye devam etmektedir. Başarılı Yaşamın Anahtarları (şimdilerde Derek Prince'in Mirası Radyosu diye anılıyor) adlı radyo programı 1979'da başladı ve bir düzineden fazla lisana tercüme edildi. Tahminlere göre Prince'in açık, mezhepsel olmayan Kutsal Kitap öğretileri dünyanın yarısından fazlasına ulaştı.

Dünyaca tanınan bir Kutsal Kitap araştırmacısı ve ruhsal bir lider olarak Derek Prince, altı kıtada yetmiş yıldan fazla öğretti ve hizmet verdi. 2002'de şöyle demişti: "Benim (ve inanıyorum ki Rab'bin de) isteğim, altmış yılı aşkın bir süredir Tanrı'nın benim aracılığımla başlattığı bu hizmetin yaptığı işe İsa dönene kadar devam etmesidir."

www.ingramcontent.com/pod-product-compliance
Lightning Source LLC
Chambersburg PA
CBHW070104070426
42448CB00038B/1558